JN099146

小松詩織が教える

司法試験・予備試験

合格の
ベストプラクティス

BEST PRACTICE

小松詩織 著
Shiori Komatsu

中央経済社

は じ め に

「世界で活躍する "べんごし" になりたい！」

　これは私の幼稚園の卒園式での一言です。物心ついた時から将来の夢は「べんごし」でした。対話を通じて困っている人が抱えている真の問題をあぶり出し，解決していくという弁護士の職業について知れば知るほど，自分にぴったりな職業だと感じ，一度も弁護士になるという夢は揺らぐことがありませんでした。

　だからと言って昔から弁護士になるために勉強漬けだったかと言われれば全くそんなことはありません。幼稚園児の頃から競泳の選手コースに入り新6年生の春までは水泳漬けの毎日でした。引退後，必死で勉強し，第一志望の桜蔭中学校に合格しました。その時の猛勉強が私の知的好奇心や，その後の勉強に対する意欲を大いに掻き立ててくれました。

　桜蔭中高時代は，歴史や古典が大好きで，教科書や参考書を隅から隅まで読んで世界中のあらゆる時代の人々の生き様に思いを馳せて楽しんでいました。それと同時に，私は一つの人生観を抱くようになりました。

**　「激動の時代に偉業を成し遂げた人々の多くは，その瞬間に巡ってきたチャンスを逃さず自分のものにしようと，がむしゃらに生きていたに違いない。一つのチャンスが次のチャンスを呼び，未知の分野の先駆者となっていったのだろう」**

　東京大学に入って2年間はまずどこにチャンスが転がっているか見極めるために分野を問わずあらゆるコミュニティに参加しました。その結果，何か軸を決めて自らの行動指針を定めたうえで活動していくほうがよいと

わかりました。そこで，「法律×中国× AI」というオリジナルの軸で新たな挑戦をして自分の可能性を広げていくことに決めました。

　もっとも，幼い頃からの弁護士という夢を実現するためには司法試験に合格できるだけの勉強をしていかなくてはなりませんでした。

　試験勉強を怠り新しい挑戦ばかりしていても，自分の夢や目標にはいつまでも近づくことができません。

　「それならば，どちらも両立してやろう」

　駒場から本郷に移り赤門をくぐった時，私は心に決めました。

　「そんなにいろんなことをやっていて，睡眠時間を削った分を勉強に充てているの？」

　私は毎日7時間以上寝るので，夜中の12時を回って勉強することはほぼありませんでした。むしろ，翌日の効率が悪くなってしまいます。

　様々な活動をしながら勉強時間を確保するのは大変でした。勉強は量が物を言うということを経験上よく知っていたからです。時間をかければかけるほど自分にあった勉強法を見つけることができるうえに，自分が不安だったところを一つずつ潰していくことができます。

　しかし，時間は限られている……というジレンマな日々でした。イレギュラーな予定が入り，思うように勉強できないこともしばしばありました。

　「勉強の量で勝負できないのであれば，勉強の質を上げるしかない」

　そう考えて，一般的に「やったほうがいい」と言われている勉強法を疑ってみることにしました。「合格のために無駄なことを極力しない＝捨てる」ことにしたのです。

　私がしていた勉強法は，典型的な勉強法から獲得できることを分析し，限られた時間の中で同等あるいはそれ以上のものを得るためにはどうしていけばよいかを意識的に考えて導いた方法です。

この方法で大学在学中に予備試験を突破，司法試験も一発上位合格することができたので，自信を持っています。

　現在，試験対策と両立して行っていた活動のおかげで将来のチャンスにつながる日々を過ごすことができています。効率的な勉強法を追究して，チャレンジを諦めなくてよかったと考えています。
　そして私の勉強法が，司法試験・予備試験受験生のお役に立つことがあれば望外の喜びです。

2021年春　司法修習を前にして

小松　詩織

目　　次

小松詩織の履歴書

2016年 3 月	桜蔭高校卒業時，優秀な成績を修めたとして東京都知事賞受賞
2016年 4 月	東京大学文科一類入学
2018年 7 月	孫正義育英財団 2 期生に選抜
2018年 8 月	北京大学で開催された「千人交流大会」にて，日本人代表の司会に選抜
2018年 9 月	日中友好青年大使に就任
2019年 1 月	平成30年度行政書士試験合格
2019年 2 月～	東京大学大学院法学政治学研究科総合法政専攻にて大学院講義の特別履修許可を取得し，複数の講義で単位認定を受ける。
2019年 6 月	令和元年度司法試験予備試験短答式試験合格
2019年 8 月	フロリダで開催された International Legal Technology Association Conference に参加
2019年 8 月	ニューヨークのリーガルテック企業でインターン
2019年10月	孫正義育英財団専用施設 Infinity 館長に就任
2019年10月	令和元年度司法試験予備試験論文式試験合格
2019年11月	令和元年度司法試験予備試験口述試験合格
2020年 2 月	グランフロント大阪ナレッジキャピタルにて法律×中国× AI について講演
2020年 2 月	一般財団法人アジア太平洋研究所（APIR）にて法律×中国× AI について講演
2020年 3 月	東京大学法学部卒業。卒業時に成績優秀者表彰を受賞。（大学院講義は12単位取得）
2020年 4 月	中国の大学への公費留学生に選抜
2020年 8 月	突き抜ける人財ゼミ合格
2020年 8 月	世界経済フォーラム（通称：ダボス会議）の，次世代でつくる組織 Global Shapers Community のメンバーに選抜

2020年10月	東京大学未来ビジョン研究センターのリサーチアシスタントとして国連軍縮部とのプロジェクトに参画
2020年11月	東京北京オンライン経済交流会総合司会担当
2021年 1 月	Global Shapers Community Osaka インパクトオフィサーに就任
2021年 1 月	令和 2 年度司法試験合格
2021年 1 月	AI 法研究会に研究員・事務局として参画
2021年 4 月	ムーンショット型研究開発事業ミレニア・プログラム 科学技術による「人類の調和」検討チームメンバーに選抜

司法試験専任講師から見た本書のおすすめポイント！

　司法試験・予備試験の合格に不可欠な勉強方法の「見つけ方」と具体的な「スキル」を可視化することでベストな方法論を確立できる１冊！

　こんにちは。アガルートアカデミーで司法試験専任講師を務める石橋侑大です。小松詩織さんとは私が開催していた勉強会にて初めて出会いました。とても熱心にメモを取られており，かつ，勉強会が終わっても私のもとに質問に来られていたのでとても鮮明に覚えています。

　そんな彼女を表現するならば「柔軟さを備えた合理主義者」。彼女は勉強方法やスケジューリングについての多くの相談をしてきました。その中で，彼女は常に「自分の現在行っている勉強が合格に向いているのか」を確認してきました。勉強が進んでいても，慢心せず，不安に思う気持ちを抱えているのです。

　「東大生は方法論を確立している」というのが世間一般の東大生像です。「今まで成功してきた自分のやり方」にこだわる受験生も少なくありません。

　彼女がすごいのは，自分を見つめ，周囲のアドバイスを聞き，自分流に修正することで「合理的」な勉強方法を常に更新していることです。だからこそ，孫正義育英財団や Global Shapers のようなチャレンジをしながら司法試験・予備試験を突破することができたのでしょう。

　本書には，そんな彼女がみちびいた「合理的」な勉強方法がとても具体的に記されています。受験生の誰もが抱く悩み（短答の解き方，解く意義，論証集の使い方，答案作成のルール，スケジューリングの方法論等）について，「なぜその方法論が合理的と言えるのか」という論拠とともに具体的な方法論を示唆しています。読者の方は読んで即実践できるのではないでしょうか。

　司法試験・予備試験の勉強はゴールが見えないマラソンのようなもの。本書は司法試験・予備試験の合格を目指す受験生にとっての強力な「ベストプラクティス」となるでしょう。お世辞抜きにおすすめの１冊です。

石橋　侑大

第1部

短答対策の
ベストプラクティス

第 **1** 章
短答過去問集を
「繰り返し解く」は正解か

01 「繰り返し解く」のは時間がかかる

合格のためには短答対策はマスト

　予備試験でも司法試験でも，論文対策が重要なのは言うまでもありません。

　もっとも，予備試験では，5月の短答試験を突破しなければ7月の論文試験を受験することさえできません。また，司法試験では，短答試験の結果で足切りされてしまうとそれまでに受験した3日間の論文試験の答案を採点してもらうことすらできません。

　つまり，短答試験は必ず突破しなくてはならない壁です。同時に，短答試験だけ突破しても，論文試験を突破できなければ合格はできないのです。

　したがって，論文対策をメインとしたうえで，限られた時間で短答対策をする必要があります。

短答過去問集との向き合い方

「短答過去問集は何周回しましたか？」

こういった質問を受けます。その質問の前提には，「短答過去問集は繰り返しやったほうがよい」という受験界の常識があります。

このような常識をまずは疑ってみましょう。短答過去問集は繰り返し解くべきなのでしょうか。

私は，予備試験では受験界の常識に従い，繰り返し解く勉強法をしました。しかし，司法試験では，「本当にそれは必要だったのか」と改めて既存の勉強法の意義を見つめ直し，繰り返し解くことをやめました。両方の勉強法について説明します。

予備試験の時の短答対策「周回法」

予備試験の時には，次のような短答対策をしていました（以下，「周回法」といいます）。この時使用していた教材は肢別ではなく過去問と同じ形式の問題集です。

ステップ

①　1周目は全部の過去問を解いて，各肢の正誤まで正しく，自信を持って正解したものには○，解答自体は正解しているが解説を読んでみると一部の肢に知らない判例や知識が含まれていた場合には△，間違ったものには×をつける。

②　2周目，3周目は△と×がついた問題が○になるまで解く。

③　4周目は○だったものも含めて全部解き，この流れで，全科目全年度分の短答の過去問を解く。

第1部　短答対策のベストプラクティス

第1章　短答過去問集を「繰り返し解く」は正解か

3

周回法は時間がかかる

　しかし，実際にやってみると，全ての肢について基礎となっている判例や知識を完璧に知っているという問題はさほど多くはなく，ほとんどが△でした。

　かといって，△を○にしてしまって知識の穴ができてしまうのは怖いと思いました。そのため解説をじっくり読んだうえで△をつけていったところ，①に膨大な時間がかかり，結局②の半ばで本番を迎えてしまった科目も多くありました。

　○のハードルを高く設定していたため，②や③が完了していなかったとしてもそれほど知識量に差はなかったのかもしれませんが，「何周も回さなければ！」という思いが強かったため，②の半ばで本番を迎えた科目については精神的な不安が大きくなってしまいました。

周回法の最大弱点は「知識の穴」

　また，この方法でインプットすると，肢自体を覚えてしまっていることがしばしばありました。そのため，同じ知識をベースにしていても，問われ方が違うと間違えてしまうことがありました。

　さらに，過去問で出てきていない分野の知識が穴になってしまい，本番では消去法に頼らざるを得ない場面もありました（実際，年度によって過去問既出の知識ばかりが問われる年度とそうでない年度があります。見たことがない肢が本番でたくさん並んでいるととても焦ってしまうでしょう）。

周回法を捨てた司法試験短答は高得点突破

　もちろん，周回法で合格している人は多いでしょうし，私も予備試験の短答を突破できました。ただ，非効率であると感じていたので，私は司法

試験の時には「捨てる」勉強法に切り替え，過去問集を繰り返し解くことをやめました。その結果，司法試験の短答試験は175点中151点（この年度の合格点は93点以上）と，高得点で突破することができました。

02 択一六法による短答対策法

司法試験の時の短答対策

　前述の通り，私は過去問集を何周も回す周回法をやめることにしました。私が使用した教材は，『司法試験＆予備試験完全整理択一六法』（LEC東京リーガルマインド）です。使い方は以下の通りです。

ステップ

① まず，過去問集を１回解き，正解した問題には○，間違ったものには×をつける（周回法と違って△はつけず，解答さえ合っていれば○をつける）。このとき，解説をよく読んで，択一六法に掲載がある知識や条文で，過去問で問われたものについては黄色の蛍光ペンでマーキングする。択一六法上に掲載がない知識は，関連ページに黒のボールペンで書き込む。

② ×がついた問題をもう一度解く。△はないので２回目で解く量は少ない。このとき間違ったとしてももうそれ以上は解かない。その代わりに再度間違えてしまった知識に関しては①で択一六法にしたマーキングや書き込みに赤ペンで印をつけておく。

③ 短答模試で間違えた知識に関しては択一六法にオレンジの蛍光ペンでマーキングをする。

> 過去問集に出てきた条文・知識：黄色の蛍光ペン
> 追加の知識：黒のボールペン
> ２回目も間違えた知識：赤のボールペン
> 短答模試で間違えた知識：オレンジの蛍光ペン

そして，ここからの試験直前期の対策が重要です。

④ 試験が近づいてきたら，択一六法を初めから読む。択一六法に掲載された全ての条文，①②③の過程で行った黄色のマーキング，黒のボールペンの書き込み，赤の印，オレンジのマーキング及び司法書士試験で出題された知識（書というマークがついている。ただし民法に限る）の全てに目を通す。このとき，気になった知識には赤ペンで印をつける。

⑤ 択一六法の２周目は，赤の印に目を通す。このとき試験直前に確認しておきたいページには一目でわかるように大きめのクリア付箋を貼る。

⑥ 司法試験の中日（２日目の論文と３日目の論文の間の休みの日）に付箋箇所を確認する。

過去問集はステップ①②の時にしか使いませんでした。

再確認したい
赤ペン印に
クリア付箋

03 「解く作業」が重要なのではない

過去問が大事な理由を考える

「予備校が出している教材よりも過去問集をしっかりやりこむほうがいいのではないか？」

こう思う方もいるかもしれません。

確かに，「過去問を大事にする」というのは合格に向けた試験勉強の鉄則です。しかし，意識すべきは「なぜ過去問を大事にしなければならないのか」ということです。

短答試験は，論文試験のような「インプットした知識を論理的かつ説得的に表現する」作業ではなく，問題文の肢と自分の脳の引き出しにある知識との「照合」作業です。

したがって，短答試験においては過去問を解いてアウトプットすることの重要性はそれほど高くなく，むしろ照合のために必要な引き出しの数を増やして整理することのほうが重要です。

短答過去問集を解く意味

問題を解く　＜　知識の引き出しの数を増やす

7

そのためには，その知識がどの条文に紐づけられているのかを意識することが必要で，条文ごとに知識が体系的にまとまっている択一六法は最適なツールなのです。

短答の問題は条文を押さえれば未出の知識に対応できる

司法試験・予備試験の短答の問題を分析してみると，過去問既出の知識と未出の知識のいずれも含まれていますが，過去問集を繰り返し解いても未出の知識に対処することはできません。未出の知識の多くは条文がそのまま問われています。

したがって，前述の択一六法を利用した方法のステップ④において条文読みを行うことは過去問既出の知識の確認であると同時に，未出の知識への対策でもあるのです。

ステップ③に関しては，「各予備校の短答模試は出題予想でもある」という点で重要です。短答模試で出題された知識を別の色でマーキングすることで，未出知識で出題の可能性がある分野の指標となります。こうして択一六法を一元化教材として活用することが引き出しの数を効率的に増やしていくことにつながるのです。

こうして，ステップ①から④を経ることで，まだ引き出しとしての機能は果たせないような苦手な知識・気になる知識が赤印として一目瞭然となるので，わざわざまとめノートを作る時間も省くことができます。

この方法であれば，ステップ①には少し時間がかかりますが，その後のステップは○になるまで繰り返し問題を解くことに比べればはるかに時間を短縮することができますし，ステップ④以下は移動の隙間時間にも進めることができます。また，過去問出題知識という「点」で押さえるのではなく，体系的な知識の位置付けと紐づけて「面」で押さえることができるので記憶が強固になります。さらに，過去問未出の問題への対処も可能です。

04　短答対策はコツコツやるべきか

コツコツ勉強するのが偉いという常識を捨てる

この択一六法を使った短答対策は効率的ですが，着手する時期が非常に重要になります。

「短答対策はコツコツやって試験に備えるべき？」

答えはNO！　です。

「コツコツ勉強するのは偉い」という常識が刷り込まれていますが，捨ててみましょう。

短答知識は超短期記憶で良い

受験生の多くが，夏から冬にかけて論文対策，年明けから短答対策の比重を少しずつ増やしていくというペースで学習を進めることかと思います。私も予備試験の時はそのペースで短答対策を行いました。

しかし，私は予備試験の対策を経て，「短答対策の比重を少しずつ増やしていくことは本当に必要か？」と思うようになりました。

短答試験で必要な知識の多くは，超短期記憶で事足りるからです。短答試験は六法を試験中に参照することができませんが，論文試験においては六法を参照することが認められており，六法を見れば書いてある条文の文言や細かい知識は，短答試験のために覚えて，終われば忘れてしまっても構わないのです。

効率的な短答対策は「直前に一気に」

　もちろん細かい短答知識も長期記憶として自分の記憶に定着させることができるならそれに越したことはありません。しかし，細かい知識も長期記憶として定着させるには長い時間をかけてインプットとアウトプットを繰り返さなければなりません。

　そこで私は，「細かい知識も取りこぼさない！」，そして「瑣末な知識は直前に詰め込む！」という２点を意識したうえで，司法試験の時は以下のようなスケジュールで勉強しました。

> ●過去問集を解いて択一六法に知識を一元化する作業
> 　→比較的時間と気持ちに余裕がある試験２，３カ月前までに実施。瑣末な知識も択一六法にしっかりマーキング・書き込みをしておく。
> ●択一六法に目を通しながら知識を頭に詰め込む作業
> 　→短答試験２週間前から一気に行う。

　択一六法に目を通す作業は，過去問を解くのと異なり，ちょっとした隙間時間や移動時間にも進めることができます。司法試験２週間前に様々な選考や財団の役目で非常に忙しかった私でもこなすことができました。

　ただ，私がこのスタイルで勉強したのは司法試験です。予備試験の短答試験は科目数が多いので，もう少し幅をもたせたスケジュールを立てるとよいでしょう。

05　常日頃から条文と判例を大事にしておく

条文と判例を大事にした論文対策で短答対策がグッと楽に

　短答対策は短時間勝負だと前述しました。そこで，鍵を握るのが，論文対策における「条文と判例」への向き合い方です。

　「短答知識をなかなか覚えることができない」という悩みを多く聞きますが，日頃からの条文と判例との向き合い方でかなり変わります。

短答試験でも論文試験でも条文が大事

　まずは，条文との向き合い方についてです。

　論文試験の時には六法を参照することができるので，誰もが参照できる条文の文言よりも，条文の解釈やそれを導くための論証の理解・暗記に力を入れがちです。

　一方，論文試験において司法試験委員会が求めるのは，まずは条文を正しく引用して答案を始めることです。採点実感では，条文上の根拠に言及することや条文の適用関係を明示するよう口酸っぱく言われています。そして短答試験の多くの問題では条文の知識がそのまま問われます。

　つまり，短答試験でも論文試験でも，合格のためには「条文を大切にする姿勢」が一貫して求められるのです。論文対策の時から，本文とただし書との関係や，要件と効果を意識して条文を読み込むと，短答対策でもスムーズに条文を読み解いていけます。

判例をどう読むか

　次に，判例との向き合い方についてです。

　論文対策の場面では，「判例の射程を意識しよう」ということが頻繁に言われると思います。もっとも，これは論文対策に限ったことではなく，短答対策においてもその意識は同じです。すなわち，短答試験の肢のほとんどは重要判例をベースにしており，短答は一種の判例射程問題に位置付けられるということです。判例射程問題であると考えれば，「判例の事案→判例の理由付けと結論→肢の事案と判例の事案との違い」という思考プロセスをたどって正解を導くことができます。このように考えれば，短答試験はただの暗記ではなく，判例射程問題として論文試験と同じ頭の使い方で解くことができます。

　したがって，論文対策の際にも漫然と判例を読むのではなく，以下を意識しながら読むことが重要です。

● 判例と条文の関連性
● 判例の事案の特殊性
● 判例の理由付けと結論

できるだけストレスフリーになる

　忙しい中で，司法試験・予備試験に合格するのに大事なことは，できるだけ無理のないライフスタイルで，自分にストレスがかからないようにすることです。

　以下の5点について考えてみてください。

・人よりも得意なこと
・人よりも苦手なこと
・勉強の中で嬉しい・楽しいと思える瞬間
・自分にとっての娯楽
・どの時間帯が集中できるか（朝型 or 夜型か）

　私の場合は，以下のとおりでした。

・人よりも得意なこと：様々なことを同時並行でこなすこと，持久力
・人よりも苦手なこと：睡魔に勝つこと，片付け
・勉強の中で嬉しい・楽しいと思える瞬間：良い成績を取ったとき
・自分にとっての娯楽：ドラマ，漫画
・どの時間帯が集中できるか（朝型 or 夜型か）：朝型

　この5点を意識したライフスタイルにします。

　例えば，私は眠い時のもうひと頑張りが苦手です。そのため，日中にフルパワーで勉強とチャレンジを同時並行的に進め，日付が変わる前には寝ます。

　また，司法試験・予備試験の勉強に関しては，学ぶ過程よりも良い結果が出た時に勉強を楽しいと感じるタイプだったので，模試や答練に参加して，結果を見て自己フィードバックができる環境をなるべく作るようにしていました。

第2章
短答の科目別対策法

科目別にポイントを押さえて学習する

　毎年どの分野の知識が問われるか予想がつかない短答試験において，暗記している知識の量が多いことは受験生にとって強い武器となります。しかし，全ての知識を完璧に暗記して臨むことは不可能です。むしろ，短答試験を受験するにあたって，曖昧な知識がたくさんあることは弊害にほかなりません。武器になるのは，「確実な」知識です。

　知識の量とその確実さという二つのベクトルの武器を備えるために，科目別にポイントを押さえて学習するのが効率的です。

　ここでは，司法試験・予備試験の短答に共通する民法・憲法・刑法のポイントを紹介します。

06 民法は条文を丁寧に読み 比較の視点で一気に押さえる！

苦手意識を持つ人が多い民法

　民法の短答に対しては苦手意識を持っている方も多くいることでしょう。他の科目に比べて問題数も多く，出題分野も総則，物権，債権，親族，相続と幅広いため，民法で確実に点数を取るためには照合のための引き出しをたくさん準備し，かつきちんと整理しておかなければなりません。

条文を丁寧に読む

　民法攻略への近道の一つ目は条文を丁寧に読むことです。

　過去問未出の知識の多くは条文知識がそのまま問われます。特に，改正によって判例や争いのあった解釈が条文に落とし込まれた民法においてはなおさら条文が重要です。条文を押さえることで，未出の知識に対処できるだけでなく，条文と紐づけして関連判例を覚えることができます。このとき，条文の細かい言い回しや条文の位置付けを意識して勉強する必要があります。

　例えば，民法423条2項の「ただし，保存行為は，この限りでない」という文言は「保存行為は債権の期限が到来する前であっても代位行使することができる」ということですよね。

　「この限りでない」という文言を自分の中できちんと言い換えてから条文を押さえなければ，問題の肢との照合作業において「あれ，保存行為はこの限りでないという条文の文言だったけど，つまりどういうことだったかな」という事態を招きかねません。

他にも，民法479条の「前条の場合を除き」という文言における「前条の場合」とは，「受領権者としての外観を有する者に対する弁済が有効になる場合」だ，というように条文の位置付けを意識しながら条文の文言を自分で補っていくことで知識が一気に定着するでしょう。

比較の視点で知識を押さえる

　民法攻略への近道の二つ目は比較の視点で知識を押さえることです。民法はただでさえ出題範囲が膨大で，全ての知識を覚えることはとても大変です。

　例えば，以下のテーマは比較の視点で押さえると暗記がぐっと楽になります。（一部択一六法のタイトルを引用しています。）

- 制限行為能力者の種類・権限
- 任意代理と法定代理
- 代理権の消滅原因
- 消滅時効の起算点
- 土地利用権（地上権，永小作権，地役権，賃借権等）の比較
- 担保物権（留置権，先取特権，質権，抵当権等）の比較
- 先取特権の順位
- 遅滞に陥る時期
- 多数当事者の債権・債務関係における絶対的効力事由
- 保証と物上保証との比較
- 買戻しと再売買予約との比較
- 使用貸借と賃貸借との比較
- 代襲原因と代襲者　等

　一つの表にまとめることで引っかけ問題にも対処しやすくなります。択一六法にはこれらのテーマが表でまとまっていたので，私はそれを利用していました。

07 憲法は統治の条文丸暗記で大幅得点ゲット！

総論・統治分野で点を落とさない

　憲法は人権分野と総論・統治分野からの出題があります。厄介なのは人権分野における判例についての正誤問題です。数多くある人権分野の判例の全てを押さえて暗記することは不可能です。人権分野で確実に点数を取りに行くのが難しい憲法においては，総論・統治分野をしっかり押さえることが肝になります。

　しかも，総論・統治分野の出題は条文がそのまま問われることが多く，天皇の国事行為や内閣・内閣総理大臣の権能は頻出です。そこで，憲法1条〜9条，41条〜99条に関しては暗記用の緑ペンと赤シートを使うなどして丸暗記を目指します。

人権分野は過去問をベースに頻出判例の判旨を一読しておく

　総論・統治分野で点を落とさないことに徹すれば，人権分野に関しては，過去問で出てきた知識を押さえることで十分だと思います。

　ただ，人権分野では，頻出判例の中の異なる引用部分からの出題があります。そのうえ，憲法の場合各肢を完答しなければ点数が入らない問題もあります。そこで，私は以下の判例については，択一六法に掲載されていない箇所を確認するために『判例百選』（有斐閣）に掲載されている判旨を司法試験直前に一読しました。

- ●マクリーン事件（昭和53.10.4）
- ●塩見訴訟（平成1.3.2）
- ●三菱樹脂事件（昭和48.12.12）
- ●昭和女子大事件（昭和49.7.19）
- ●猿払事件上告審（昭和49.11.6）
- ●被拘禁者の喫煙の禁止（昭和45.9.16）
- ●嫡出性の有無による法定相続分差別（平成25.9.4）
- ●「北方ジャーナル」事件（昭和61.6.11）
- ●税関検査訴訟（昭和59.12.12）
- ●皇居前広場事件（昭和28.12.23）
- ●泉佐野市民会館事件（平成7.3.7）
- ●徳島市公安条例事件（昭和50.9.10）
- ●小売市場事件（昭和47.11.22）
- ●薬事法距離制限違憲判決（昭和50.4.30）
- ●森林法共有林事件（昭和62.4.22）
- ●証券取引法164条1項の合憲性（平成14.2.13）

08 短答刑法は「ミニ論文対策」と心得る！

論文の問題を解くように短答の問題を解く

　刑法の問題の多くは「Aの場合，甲にB罪が成立する」という肢の正誤を答えるものです。この問題，論文試験の刑法と問われていることはほぼ同じであるということに気がつきます。

　論文試験を解くときには，事例を読んで，成否が問題になる犯罪を想起して「Aの行為にB罪が成立するか」と問題提起をします。そして，B罪

の客観的構成要件，主観的構成要件，違法性，責任，処罰阻却事由を順に検討していきますよね。

　短答試験は問題文の事例が数行になっただけです。事例を読んで，成否が問題になる犯罪を想起して，構成要件等を検討していきます。ただ短答試験のための知識を覚えるという意識ではなく，論文の問題を解くように短答の問題を解いていくことで，得点が安定し，論文試験も短答試験も得意になります。

各条文の構成要件を覚える

　ここで最も重要なことは，犯罪の構成要件を覚えることです。構成要件の暗記は，予備試験の口述試験の時に必須です。短答試験の段階から構成要件の暗記を心がければ，論文試験・口述試験の時にも大いに役立ちます。

　刑法は毎年，情報処理量が多く，じっくり問題文を読んでいては時間不足に陥ります。また，マイナーな犯罪について聞かれることも多々あり，出だしでつまずいてそれ以降の問題にあまり集中して取り組めないというリスクもあります。

　したがって，いかなる犯罪についても反射的に答えられるくらいに構成要件の暗記ができていると安心です。

　放火罪（刑法108条以下）や事後強盗罪（刑法238条）といった典型的な犯罪だけでなく，現場助勢罪（刑法206条）や公正証書原本不実記載等罪（刑法157条）といった普段あまり馴染みがない犯罪についても，短答知識としては押さえておくべきでしょう。

第 2 部

論文対策の
ベストプラクティス

第1章
論文対策は勉強法を間違えると命取り

01 論文対策は高い山を登るようなもの

論文対策は山登り

　司法試験・予備試験の論文対策は，膨大なインプットが必要です。そのうえ，試験本番では非常に限られた時間でアウトプットしなければなりません。

　私は論文対策とは初めて見る高い山を登るようなものであると感じました。

　初めは，答案の書き方すらわからず，ひたすらインプットとアウトプットを繰り返します。しばらくすると答案の「型」のようなものがわかってきてある程度の答案を書けるようになります。

　復習の精度が上がるにつれて，理解したつもりでいたものがただの表面的な理解に過ぎなかったことや，他の論点における立場とつじつまがあっていなかったことがわかります。そして，再び判例や条文に向きあいます。

勉強の方向性を間違うと合格できない

インプットとアウトプットを繰り返しながら上り坂と平坦な道を少しずつ登っていくようなイメージです。

おそろしいのは，勉強の方向性を間違えてしまうと，ようやく山の頂が見えてきたと思った時に，初めて自分が目指していた山とは違う山を登っていたことに気がつくことがあるということです。

そこでまずは，予備試験論文試験に一発合格し，さらに司法試験論文試験では上位合格を果たした私がどのような山登りをしてきたのか，実体験を紹介していきたいと思います。

02 私の予備試験論文対策

推奨方法を捨てたインプット期（〜9月）

　私は伊藤塾のテキストを使っていました。まずは「基礎マスター」（体系テキスト）の講義7科目分を1回聞きました。大学1年生のときから聞きはじめましたが，法律の勉強よりも他の活動を優先していたため結局基礎マスターを聞き終えるのに2年近くかかってしまいました。

　もちろんこの1回では理解しきれません。しかも2年間だらだら聞いていたのではじめの方に受講した内容はほとんど覚えていませんでした。そのうえ，体系テキストの知識が膨大すぎて，知識の理解から始めるとキリがないと感じました。

　そこでとにかく急いで7科目分の「問題研究」（旧司法試験の過去問集で，当時予備試験の過去問はここには収録されていませんでした）の講義を聞き終えました（いわゆる当時の論文マスターです）。「聞いた」というのがポイントです。推奨されていた問題研究の使い方は，「問題を読む→答案構成をする→解説を聞く」というものでした。しかし私は，その推奨方法を捨てて問題研究の1周目は答案構成も何もせず，問題に目を通したらすぐに解説講義を聞いていました。問題研究を演習書ではなくインプット教材に位置付けたのです。

　その年は孫正義育英財団の認定や日中友好青年大使への就任など新しいチャレンジが多く，勉強に割くことができる時間が少なかったのと，伊藤塾の論文答案練習会（通称：答練）に参加するつもりでいたので，自分にあった答案作成はその時に身につければよいと思っていました。

　問題研究は，あくまで三段論法のイメージをつくることやインプットのメリハリ付けのために使用しました。

旧司法試験は，予備試験と違って事実の抽出の点での難しさはありません。

① 事例を読んで，問題となる条文とその効果を想起する。
② 条文を解釈して，規範を定立する。
③ 規範に具体的事実を当てはめて結論を出す。

上記のような論文答案作成の肝となる法的三段論法の過程において，旧司法試験の問題は①と②の高精度な訓練に役立ちます。

　問題研究の解説講義を聞きながら，論点はピンク，覚えるべき論証や定義はグリーン，ゼミや講座等で先生がマーカーを引くよう指示されたところはオレンジの蛍光ペンで論述例にマーキングをしました。論証におけるキーワードや論証の修正すべき点，関連論点，その論点が出てきた問題番号などは「論文ナビゲートテキスト」などの論証集に書き込んで情報を一元化していました。

　答練が始まる前に論文マスターの受講を終えました。答案を書くには知識の理解と暗記が必要です。しかしこの時点で私はアウトプットできるだけのインプットはできていませんでした。

実力養成期（10月～答練期）

　それでも，「実践あるのみ！」とほとんど答案を書いたことがない状態で10月からの答練に臨みました。

　2週間に1科目くらいのペースで答練が進行していたので，私はいろいろな科目を同時に勉強するのではなく，答練のペースにあわせて答練出題科目だけをひたすら勉強しました。

　この方法だと3カ月半で7科目を回すことになり，言い方を変えれば最初に勉強した科目には3カ月半触れないことになります。もっとも，9カ

月後の論文試験で合格答案を書けるようになっておくためには2週間一つの科目に集中して，論証集を使いながら一定のアウトプットができるだけのインプットを行い，インプットをしたらすぐに答練という形で時間を測ってアウトプットしていくというサイクルが大事だと思ったためこの方法をとりました。また，次この科目を勉強できるのは3カ月後だからせめてこの2週間は全力でやるぞという思いが強くなるためメンタルセットの面でも自分に向いていました。答練と並行して過去問も少しずつ始めました。

答練に向けたインプットの方法

インプットは，以下のように行いました。

① 暗記を意識しながら論証を読む。
② 旧司法試験の過去問を参照しながら，どの場面でこの論証が役割を発揮しているのかを確認する（その点でも一元化の段階で論証集に問題番号を記載しておくことをおすすめします）。
③ 論証のキーワードの意味がわからないことが往々にしてあるので，基礎マスターを辞書代わりにして論証が腑に落ちる状態にする。

私は文字面だけでの暗記が苦手で，言葉の意味が腑に落ちないと暗記が進みません。それゆえ③に時間がかかりました。もちろん，一度読んだだけで論証を覚えきることはできないので，答練の直前まで何度も読み返しました。

インプットが論証に偏っていたので，基礎マスターや論文ナビゲートテキストを通読しなければいけないとは何度も思いましたが，結局通読する時間は作れませんでした。この期間は論証とそれに関連する書き込みに目を通すので精一杯でした。

冬から春の法律実務基礎科目を含めた答練期

　3カ月半の答練が終わると，次は冬〜春にかけて法律実務基礎科目を含めた答練が始まります。これは，秋とは異なり，1週間に1科目のペースとなりました。同様に答練のペースにあわせて答練出題科目のインプットとアウトプットを行いました。

　法律実務基礎科目の重要性に気がついたのはこの時です。7法の勉強が大変と感じている一方で，民事系科目や刑事系科目は既に勉強してきているので法律実務基礎科目も一定の答案は書けるだろうと判断し，法律実務基礎科目における基礎マスターと論文マスターは年末まで受講していませんでした。答練も始まるということもあり，ようやく年始にこれらを全て聞いて答練に臨みました。

　やってみて，法律実務基礎科目が民法・民事訴訟法・刑法・刑事訴訟法の理解に役立つとわかりましたし，口述試験にも役立ったので，なるべく早い段階で仕上げておくべきだったと反省しています。

　例えば，以下のようなメリットを感じました。

- 民事実務基礎科目における要件事実の暗記は，「Aさんはこうしてほしいと言っています。それに対してBさんはこう反論しています」という形式の民法答案の基礎となるものなので，民法の答案が一気に書きやすくなりました。
- 民事・刑事いずれも手続をより具体的にイメージできるようになったことで，それまでは抽象的で掴みにくい知識で留まっていた民事訴訟法と刑事訴訟法の理解が進みました。

春の答練後，短答対策期の論文対策

　春の答練が終わった後はしばらく短答対策に比重を置きつつ，論文の書き方を忘れてしまわないように3月，4月で22通答案を書きました。5月からは短答対策に全振りして，短答試験の翌日から再び論文試験の勉強を開始しました。

短答試験終了後5月下旬～7月

　予備試験の過去問は一般教養科目を除いた9科目が2011年から2018年までの8年分，すなわち72問分あったのですが，短答試験が終わった時点で初見の過去問が30問近くありました。

　そのため，伊藤塾の直前答練を受講するか否か非常に悩みましたが，奨学生試験で受講料割引の特典をいただけたことや，直前答練は多くの予備試験受験生が受講していることもあり，この答練に出題された論点が本番でも出題された場合に悔しい思いをするのが嫌だったのでこちらも受講することとしました。

　したがって，5月下旬から6月にかけてはひたすらアウトプットとその復習をして，書き負けないようにしました。1日に5通書く日もありました。また，インプットに関しては，アガルートで行われていた無料のゼミに参加し，そこで重要論点・出題予想論点を一気にさらいました。

　6月末の模試では2桁順位のA判定で手応えを感じられたので，7月に入ってからは模試の復習，論証集の書き込みの読み直し，『令和元年度重要判例解説』（有斐閣）の確認などインプットに力を入れて本番に臨みました。結局，この時にも基礎マスターや論文ナビゲートテキストを通読する時間はありませんでしたし，判例百選も予備試験の論文対策では使用しませんでしたがそれでも合格することができました。

03 私の司法試験論文対策

異例の試験延期の年

　私が司法試験を受験した年は，新型コロナウイルスによる試験延期という異例の年でした。

　11月に予備試験に最終合格してからの4カ月間は，司法試験の勉強，大学の授業，予備試験合格者向けのウィンターインターンでかなりバタバタしていました。孫正義育英財団の専用施設の館長に就任し財団でのイベントの企画運営をしていたのもこの時期です。

　予備試験の論文対策の時とは異なり，選択科目を除いては予備試験に合格した段階である程度の答案を書けるだけのインプットはできていたことや，司法試験の問題は難易度が高く，完璧な答案を書くというよりもいかに途中答案にならずに合格答案を書くかが大事だと思ったことから，私の司法試験の論文対策はアウトプットから始まりました。

司法試験の過去問をメインにスタート

　予備試験の時は伊藤塾の答練をフルに活用していましたが，司法試験対策用の答練（通称：ペースメーカー答練）には一度も参加しませんでした。なぜなら，私が勉強を始めた11月の段階で，手つかずの司法試験の過去問が2006年から2019年までの14年分が8科目，すなわち112問も残っていたからです。

　予備試験合格後，11月末から2週間に1回のペースで無料の伊藤塾の司法試験ゼミがありました。毎回1科目分の最新の過去問（2019年度）を時間を測って解くことになっていました。これを目安にして，2週間毎にゼミで扱う科目の2012年から2018年までの過去問をできるだけ解くことにし

ました。

　司法試験の解答時間2時間と復習の時間2時間の計4時間をまとめて確保することが困難な時もあり，全く過去問を解けない週も2週ほどありましたが，それ以外では週3〜5通書きました。時間がとれる週は8通書くこともあり，3月初旬の模試までには，選択科目を除いた7科目に関しては2012年から2019年までの過去問をほぼ解き終えました。結果，模試でしっかり合格推定域に入ることもできました。そのため，過去問を解きまくるという方法が正しかったと認識できたので，2011年より前の過去問も解き進めることにしました。

11月〜選択科目「倒産法」を始める

　私の選択科目である倒産法に関しては，伊藤塾の司法試験ゼミでは扱っていなかったので，アガルートを利用しました。

　予備試験合格後の11月から始め，アガルートの「総合講義」（体系テキスト）を聞き終えたのは12月末でした。そして年始から過去問を少しずつ解き始め，3月までに8年分の過去問を解きました。

4月初旬に司法試験延期の発表

　4月の初旬に司法試験の延期が発表され，いつ試験が実施されるかわからない状況になりました。せっかく時間ができたので，インプットを今一度確実にやり直そうと決めました。

● まずは予備試験の時からずっとやらなければと思っていた論文ナビゲートテキストの通読を行い，分野単位の知識の穴を埋めました。
● 憲法の答案がいつもうまく書けず，憲法を毛嫌いするようになってしまっていたので，時間に余裕ができたことから『憲法ガール』（著：大島義則，

法律文化社）を読んで「憲法って面白い！」という感覚を取り戻しました。

● 司法試験の問題は判例の射程を意識した解答が求められますが，その時点の私は論証集に掲載されている判例の文字面を追っていたに過ぎなかったことに気がついたので，判例百選を使いながら判例の事案の特殊性や結論を導く過程に着目して再度判例を確認しました。

　また，5月時点で2006年から2019年までの8科目分全過去問を解き終えていたので，その後は7月末まで2019年度，2018年度，2017年度……というように遡る形で時間の許す限り過去問を解き直しました。

　これらにより，7月初旬の模試も2桁順位のA判定で手応えを得ることができました。8月に入ってからは，短答対策に比重を置きつつこれまでの書き込みやインプット教材（論証集や判例百選，重要判例解説，先輩からいただいたレジュメなど）の総ざらいに時間を充てました。

第2章
論文対策のツールと使い方

04 旧司法試験の過去問は有効な ツール

既に新制度で15年分。過去問は十分な量だが……

　旧司法試験には，現在の試験とは問題文の長さも問い方も大きく異なる
ものが多々あります。

　それなのになぜ問題研究などの旧司法試験の過去問集が新司法試験・予
備試験の論文対策に有効なのでしょうか。

旧司法試験をベースにした出題傾向がある

　ただでさえ過去問をこなすのに精一杯。旧司法試験の参照は後回しでよ
いと考える人も多いでしょう。

　しかし，私は，旧司法試験の過去問が，論文試験の本番を攻略するのに
とても有用だと思っています。なぜなら，新司法試験・予備試験の論文試

験の問題を解いていると，「これ旧司法試験でも同じような問題があった
な」と感じるからです。

　近年の傾向として，旧司法試験の時に問われていたような重要な概念や
制度についての出題も増えてきているようです。

関連テーマを見直す

　私は，演習の復習の際に旧司法試験ではどのように出題されていたか，
関連するテーマとして何を問うていたかといったことを逐一確認するよう
心がけていました。

　また，論証のインプットを始めた時には，どのような場面で論証を使う
のかや，なぜその論証を使う意義があるのかがわからないことが多かった
ので，それについての具体的なイメージを持つためにも旧司法試験の過去
問は何度も見返していました。

05 新司法試験・予備試験の　　論文過去問は最優先

論文過去問ほど司法試験委員会からのメッセージがわかるものはない

　一度試験に出された論点はしばらく出ないのだから，過去問などやるよ
り出題予想問題の演習をやるほうがよいのではないかと思う受験生もいる
かもしれません。

　しかし，実際のところ特に新司法試験においては，一度論文試験に出題
された論点が次の年また出題されることもあります。

　各予備校や出版社による予想問題も参考にはなりますが，法学者や法律

の実務家たちで構成される司法試験委員会が考えに考え抜いて作り上げた論文試験の問題には及ばないのではないでしょうか。

司法試験委員会が法曹を目指す受験生にどのような能力・何についての理解を求めているのかについてのメッセージを一番感じ取ることができるのが過去問です。その意味でも非常に重要なのです。

過去問の活用法

私は基本的に以下の要領で過去問演習をこなしていました。

① 必ず時間を測って過去問を解く。時間内に解けなかったとしても，どこでタイムアップしたか印をつけた上で最後まで答案を書く。
② 答案を書いていた時に悩んだポイントや忘れていた論証を確認する。
③ 伊藤塾の解説講義を1回だけ聞いて，講師の指示に従い論述例・出題趣旨・採点実感（新司法試験に限る）にマーキングをする。
④ 出題趣旨や採点実感をもう一度読み，気になった部分や悩んだポイントについての記載があれば別のマーカー（私の場合は黄色でした）でマーキングする。
⑤ 解説講義で腑に落ちなかった部分や理解不足だった部分について，基礎マスターなどを見ながら復習する。
⑥ 添削に出して帰ってきたら，事実認定の仕方がどう評価されたかなどを確認する。

新司法試験の2011年以前の過去問には解説講義がなかったので，③は行わない代わりに④を入念に行いました。

また，解説講義を聞きながら論述例の横に論点の位置付けについてのメモ書きを残したり，規範のいい短縮の例があればわかりやすく目立たせたりするなどして，後から論証集に情報を一元化する際に役に立つような工夫をしました。

出題趣旨や採点実感は宝の山

出題趣旨や採点実感では，司法試験委員会から受験生に向けて送られたアドバイスを読み取る作業が重要です。

『Aの検討にあたっては「（条文の文言）」に該当するかを認定する必要がある』『認定にあたってはまず趣旨を明らかにすることが求められる』といったような，よい論文答案を書くうえでのメソッドがゴロゴロ転がっています。

過去問を解いたら，入念に目を通し，次回同じ論点が出た時にはこのアドバイスを踏まえた答案を書けるよう意識しました。

06 添削サービスはできるだけ利用する

答案返却までに時間がかかるというデメリットもある

各受験指導予備校では独自の答案添削のサービスを提供していますが，その分受講料が高くなるところもあります。

また，答案を提出してから返却されるまでに通常1，2週間かかるので，返却される頃には忘れていることが多く復習が大変です。添削を受けるかどうかは慎重な判断をすべきでしょう。私は，以下のようなスタンスでいました。

- 模試に関しては有料であっても必ず添削サービスを利用する。
- 問題演習に関しては無料で添削サービスがついてくるなら答案を添削に出す。有料の添削サービスは利用しない。

添削を受けるメリット

私は模試では添削を受けるようにしていました。

添削サービスを利用しなくても，模試の解説には配点が示してあり，大体の点数は把握できます。また，総合の成績表は閲覧できるので大体の自分の順位を確認することもできます。

しかし，論文答案は「適切な場所で論証を使えたか」「事実認定の仕方に齟齬が生じていないか」という全体の流れの中で評価されて初めて良し悪しがわかります。自分では虫食い的に点数を稼いでいるつもりでも，全体を通してみれば良い評価が得られないこともあります。

添削サービスを使うことで，そのような自己採点と実際の評価との乖離に気づくことができるのです。

問題演習をしたら，書きっぱなしは厳禁

問題演習に関しても，できる限り何らかの形で添削をしてもらい，書きっぱなしにはしないことが大切だと考えます。

添削してもらうことで「事実認定がどう評価されたか」の目安がわかるだけでなく，「どの字の汚さまでならきちんと読んでもらえるか」などの確認もできます。

添削サービスがない過去問演習に関しては，大学の友人と自主ゼミを組んで，出題趣旨・採点実感を読みながらお互いの答案を添削しあうようにしていました。

コロナ禍でもできる自主ゼミ

　自主ゼミとは，学校や予備校の授業時間外で，自主的に受験生同士で集まって，問題について検討しあったり，答案を添削しあったりすることです。自主ゼミのやり方は様々ありますが，ここで一つ，コロナ禍の状況で友人と対面しなくてもできる自主ゼミのやり方について紹介したいと思います。この方法では，お互い家の中にいながら自主ゼミをすることができます。方法としては以下の通りです。

①　事前にお互い時間を測って答案を書く。
②　答案を書いたら事前に出題趣旨や採点実感を読み込む。
③　答案を PDF ファイルやスクショで相手に送る。
④　送られてきた相手の答案を添削する。
⑤　電話をつないでお互いの答案を講評しあう。

　この方法だと電話をつなぐ時間も最低限に留めることができる，自分の答案は手元にあるので講評を聞きながら自分の答案に書き込みをしていける，家なので参照したいテキストにすぐにアプローチができるといういくつものメリットがあります。さらに，ソーシャルディスタンスを確保しながらも友人と励ましあうことができるということで，司法試験延期という状況下でも精神的に支えられ頑張ることができました。

07 演習書はピンポイントで使う

演習書を使うメリットとデメリット

　司法試験対策の演習書としては，『事例研究シリーズ』（日本評論社）や
『ロースクール演習シリーズ』（法学書院）など様々なものがあります。私
は演習書のメリットとデメリットを把握した上で演習書に臨まないといけ
ないと考えています。

　主なメリットとしては，以下の2点が挙げられるでしょう。

① 　新しい問題に触れることができる。
② 　学者の方が執筆している演習書に関してはその学者の問題意識を学ぶこ
　　とができ，該当分野のより深い理解につながる。

　一方，デメリットとしては，以下の2点があると思います。

① 　答案例がない，解説が薄いまたは長すぎるなどの理由により，予備校の
　　教材とは違って書いた答案の復習がやりづらい。
② 　予備校の教材よりは分野に偏りがあり，網羅性に欠ける教材もある。

　以上のメリット・デメリットを踏まえると，演習書に手を出すのは問題
研究などの旧司法試験の過去問，新司法試験・予備試験の過去問が終わっ
た後が効果的と考えられます。また，過去問は見直す毎に新しい発見があ
るものです。一度ではなく何度でも見直して解き直す価値があるため，新
しい問題に触れたいという理由で演習書を始めようとするならば，もうこ
れ以上過去問を解いたとしても新しい発見は得られないだろう，というほ
ど過去問を回した後であれば有意義になると思います。

苦手分野に絞って解くのがおすすめ

　演習書を買って全部解くのではなく，苦手な分野に絞って演習書を解く，または苦手分野に特化した演習書を解くというのも上手な使い方の一つだと思います。私は刑事訴訟法の伝聞法則の分野が苦手だったので，『事例でわかる伝聞法則』（弘文堂）という演習書を使用して苦手を克服しました。

08 情報は一元化する

一から作るまとめノートの弊害

　自分の苦手な分野の知識や間違えた知識について，まとめノートという形で一つのノートにまとめて試験前に見直すことは試験対策として非常に有益なことだと思っています。そこに自分の答案の書き方の癖などを書き込んでおけば，ノートを見直す度に自戒にもなります。

　もっとも，私はまっさらなノートにまとめノートを一から作っていくことはあまりおすすめしません。なぜなら，まとめノートを一から作成することには2つの弊害があるからです。

体系から離れてしまう

　一つ目は，体系的な知識の位置付けから離れて虫食い的な知識の補充になってしまうことです。法律の知識にはどの科目においても，分野毎に体系的な位置付けがあります。

　例えば，刑法の場合だと，「a. 客観的構成要件・主観的構成要件が充足されるか→b. 違法性が阻却されるか→c. 責任が阻却されるか→d. 処罰阻

却事由があるか」といった体系があります。そして，論文答案を書くとき，不作為犯の論点はaで，正当防衛の論点はbで，原因において自由な行為の論点はcで，中止犯の論点はdで検討します。

　刑法の勉強をしていて，まず正当防衛の論点につまずき，そのあとに中止犯と不作為犯，最後に原因において自由な行為につまずいた場合，その都度まとめノートに体系的な位置付けを意識して知識をまとめていくことはできるでしょうか。

　後々自分が何につまずくかを見越してまとめノートの途中のページから書き出すなんて器用なことはできないので，結局ページの前の方から体系的な順番がぐちゃぐちゃになって知識だけが虫食い的に記載されていくこととなってしまいます。

〈よくないまとめノートの例〉

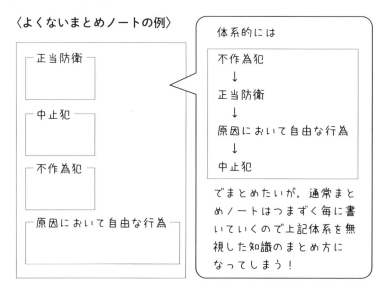

正当防衛

中止犯

不作為犯

原因において自由な行為

体系的には

不作為犯
↓
正当防衛
↓
原因において自由な行為
↓
中止犯

でまとめたいが，通常まとめノートはつまずく毎に書いていくので上記体系を無視した知識のまとめ方になってしまう！

写し間違いのリスク

　二つ目は，写し間違いです。きちんと気をつけていれば写し間違いなんてあるわけないと思っていても，意外と写し間違いはしてしまうもので，間違いに気がつかずそのまま覚えてしまっていることがあります。

　また，長い論証などについては重要なキーワードを略してまとめてしまうこともあり，答案に論証を示す時に大事なキーワードを抜かしてしまう危険もあります。

　したがって，私はまとめノートを一から作成することはやめたほうがよいと思っています。

司法試験・予備試験における一元化の意味

　まとめノートを一から作ることはおすすめしないと前述しました。もっとも，試験に向けて，情報を「一元化」していき，それを見れば色々思い出せるような状況にしていくことは必要です。

　ここでいう「一元化」とは，情報を一つにまとめるということです。司法試験・予備試験は科目数が多いことに加え，体系テキスト，過去問，判例百選，論証集といったように参照すべき書籍が多くあります。そのため，散在した情報をまとめ，自分が参照したい情報がどこに書かれてあったのか見つけやすくして，すぐにアプローチができるようにすることに「一元化」の意味があります。

論証集をベースに一元化

　そして，一元化において最初にポイントとなってくるのが，何をベースにするかということです。

　基礎マスター（体系テキスト）または論文ナビゲートテキスト（論証

集）を使っている人が多く，私は論証集を選びました。理由としては，一番持ち運びやすく参照する機会が多かったからです。論証以外にも重要判例や重要な定義，要件が記載されており，情報がコンパクトにまとまっているので（言い換えれば辞書として参照するには不十分な情報量しか掲載されていないのですが），自分で色々情報を書き込んでいくにはむしろ好都合でした。

一元化の方法

　一元化の方法としては，例えば以下のようなものが挙げられます。

- 当てはめの際に困らないように，抽象的な要件に対して具体的な数字を補う。
- 法律用語にイメージ図を付記して理解を深める（例：訴訟上の相殺の再抗弁と訴訟外の相殺の効果の違い）。

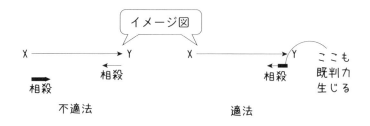

- 論証を使う際の事実の考慮要素を書き込んだり，どの条文の文言の解釈として論証が登場するのかをメモする（例：強盗の機会の論証の横に・犯意の継続性・強盗行為との時間的場所的近接性・被害者の同一性・行為全体の一体性と書き込む）。
- そのままの記述で論証として使えるものに関しては，矢印などを引っ張って修正を加える。
- 掲載されている判例の事案の特殊性をメモする。
- 定義が記載されていないものについては逐一記入する。
- 条文や制度の趣旨が記載されていないものについては逐一記入する。
- 論証として不十分なものや，主流な学説に基づかない論証に関しては付箋に適切な論証を書いて上から貼っておく。

　情報を選んで記入していくというよりは，気になったことは何でもこの論証集に記入するようにしていました。そうすることで，移動中や試験直前にはこれに目を通すことに集中することができました。

09 選択科目の選び方

選択科目とは

　司法試験の論文試験では，基本7法に加えて選択科目として倒産法・租税法・経済法・知的財産法・労働法・環境法・国際関係法（公法系）・国際関係法（私法系）の中から一つ選択します。選択科目は出願時以降変更することができないので，慎重に選ぶ必要があります。また，2022年からは予備試験でも選択科目が導入されることとなっています。

　予備試験の最終合格から司法試験までは半年しかありません。

　選択科目を選ぶ際には，以下のような考慮要素が挙げられるでしょう。

- 学習経験や基礎知識の有無
- 予備校講座や市販の教材の充実度
- 合格に必要な勉強量と残された時間とのバランス
- 自分の得意なスキルと科目の特性との相性
- 科目や分野への興味

学習経験があればスタートダッシュできる

　上述のように予備試験最終合格から司法試験まではあまり時間がなく，最終合格の後から基礎知識のインプットを始めると演習に入る時期が遅くなってしまいます。学習経験があり，基礎知識がある程度身についている科目を選択科目にすることで，司法試験対策への移行後すぐに選択科目の演習に入ることができて非常に有効です。

講座や教材が豊富にあれば勉強がしやすくなる

　基礎知識のインプットを予備試験最終合格後から始める科目について
は，網羅的に理解を深めて勉強するというよりは，合格に必要な知識とそ
うでない知識とに分けてメリハリ付けをして効率よくインプットしていく
必要があります。また，アウトプットについては基本的には過去問をベー
スに行っていくと思うのですが，答案例が付いているものや解説が豊富な
教材があると復習もしやすいでしょう。その時に有効なのが受験指導予備
校の活用ですが，科目によっては司法試験対策講座の展開がないものがあ
ります。予備校ではなく市販の基本書や演習書で勉強する場合には，その
科目をどう勉強していくかによって参照に適した教材が異なります。基本
書や演習書のラインナップが多い科目のほうが自分に適した教材を見つけ
やすく勉強しやすいです。

限られた時間で合格レベルに到達する必要がある

　合格するために必要な知識の量は科目によって大きく異なります。ある
程度出題分野が決まっているのか，それとも満遍なく問われるのか，押さ
えなければならない判例は多いのか，覚えるべき論証は多いのか……など
情報を収集して把握した上で，司法試験までに残された時間を選択科目に
どれくらい割くことができるのかを考える必要があります。

相性のいい科目を選ぶと安心

　基本7法の勉強を通じて，自分の得意なスキルがだんだんわかってくる
かと思います。暗記が得意な人もいれば現場思考が得意な人もいるでしょ
う。そして各科目には特性があります。「規範→当てはめ」の流れが多く
論証をたくさん暗記しなければならないが，逆に言うと論証を暗記さえす

れば大きく外れた答案にはならない科目，覚えるべき論証は少ないが初見の条文を多く引かせるため満遍なく条文知識が求められる科目などがあります。

　論証の暗記が得意な方は前者の科目が，問題文の事情を細かく捉えて条文を探し出すのが得意な方は後者の科目が相性のいい科目と言えるでしょう。選択科目は出願してしまったら変更がきかないので，相性がいい科目を選んで選択科目を苦手科目にしないことが大切です。

興味があると勉強の楽しさが違う！

　試験対策のための勉強と捉えるのと，自分の知的好奇心を満たすための勉強と捉えるのとでは，同じ勉強をしていても知識の吸収力が大きく異なってきます。将来自分が携わりたい分野との関連性を選択の際にあわせて考えてみると勉強のモチベーションが上がります。

私が倒産法を選択した理由

　私は選択科目に該当する科目について，いずれの科目も学習経験がなく，教材が充実している倒産法と労働法とで迷いました。

　口述試験の対策を経て民事系科目が面白く感じるようになってきたので少し倒産法の導入を見てみると，実体法上の権利関係が倒産手続の開始によってどのように変容していくかを分析していく力が問われる倒産処理という分野に興味を持ちました。また，改正民法の学習とリンクする部分もあったことから倒産法を選択することに決めました。

　私が最終的に選択科目を決めたのは予備試験の最終合格後だったので，年内に体系テキストでのインプットを終わらせ，年明けから過去問でのアウトプットと判例百選を用いてのインプットとの繰り返しに移行しました。

SNS は受験生の敵ではない

「SNS を見ている暇があるなら勉強をしなさい」というのはごもっとも。

しかし，SNS が一概に受験生の敵というわけではないと考えます。受験生として SNS とうまく向き合うことにより，自分の勉強がさらに効率良くなる鍵を得られることもあるのです。

例えば，処分性の有無を導く際の重要判例の考え方は難しく，判旨を読んで理解しようとしても混乱しがちです。そのようなとき，司法修習生や受験指導予備校の講師の SNS の投稿の中には，混乱しやすい法律知識についてその方々が受験生に向けてまとめた note やブログのリンクが貼ってある場合があります。そして，そのまとめや解説は非常にわかりやすく参考になります。

また，民法や会社法の論点など，混同しがちな知識を表にまとめようと思うと時間がかかり手間が大きいですが，わかりやすくまとめた表を受験生のためにと SNS にアップしてくれている方もいます。

もちろん，他人がアップした情報をそのまま鵜呑みにするべきではないでしょう。ただ，それらをベースにしながら自分流にアレンジして使っていくことで，ゼロから作るより効率良く知識を整理できることがあります。私はそのような感覚で，SNS 上の情報に向き合っていました。

第 **3** 章
論証との向き合い方を考える

10 論証丸暗記だけでは合格できない が暗記しないことには始まらない

論証貼りつけ答案はダメ，の真意

　論証をペタペタ貼り付ける答案はダメだと言われることがあります。その指摘の真意は何でしょうか。

　そもそも論証とは何のためにあるのでしょう。

　六法に書かれている一つ一つの条文は「ルール」です。問題文の事例に，「ルール」たる条文や条文が想定している制度を当てはめて結論を導いていきます。しかし，中にはルールができた頃には想定できなかったような事例や，制度を形式的に適用することはできるがそれだと不都合が生じてしまう場合があります。

　そのため，まずは条文や制度の趣旨に立ち返って，どういう場合であればルールがうまく機能するのかを判例や学説の考え方を踏まえながら検討して，不都合を解消していかなければなりません。

そして，司法試験・予備試験の問題ではその検討過程をいくつも経ます。その都度，不都合と修正の過程を現場で考えていては，試験時間内に最後の結論まで到底たどり着けません。そもそも不都合に気がつかずに検討過程自体をすっぽかしてしまう恐れもあります。

そこで，

＜事案の特殊性を示し，条文を解釈し，一定の場合にはルールを適用するという基準を立てる＞

または，

＜不都合を示し，制度の趣旨を再考し，一定の場合には形式的な適用を除外するという基準を立てる＞

といったような一連の流れを論証としてストックしておくことで，論点を見つけやすくし，問題提起からあてはめに必要な規範の定立までをスムーズに導いていくことができます。これこそが論証の本質だと考えます。

論証とは上記の検討過程のストックであると考えるならば，事例が異なる毎に検討過程も一様ではなくなるので，論証も自ずと変化してくるでしょう。

しかし，論証というものをこの一連の流れとは独立に考えてしまい，とにかく覚えた論証をただひたすら答案に示そうとすると，無関係な内容に多くの分量が費やされ，その結果本筋から離れていくという点で表題の指摘があるのだと考えます。

暗記はあくまでもスタート地点

そうはいっても論証を暗記しないことにはそもそも論文答案の形にすらなりません。論文試験に合格する過程で論証の暗記はスタート地点であり避けては通れません。しかし，論証の土台にある検討過程を考慮せずに文字面だけの論証を丸暗記して，どんな事例であっても同じ論証を答案に示すのでは良い答案とは言えません。

11 論証を使いこなすまでのレベルになる

インプットからアウトプットへ移行するタイミング

　一体どのタイミングで論証のインプットからアウトプットに移行すべきでしょうか。

　論証をうろ覚えの状態で答案を書こうと思うと，規範を正確に定立できません。そのため，ピックアップする問題文の事情もちぐはぐになり，的外れな答案になってしまいます。

　せっかく時間をかけて解いたのに，論証の暗記が不十分だったばかりに見当違いな答案を書いてしまったらショックです。

　それでも私は，論証を暗記しようと努力をした後であれば，うろ覚えであってもアウトプットに挑むべきだと思います。論証を使いこなすまでにはいくつかのレベルを経る必要があるからです。

論証を使いこなすまでのレベル

　以下のレベルを踏んでステップアップしていく必要があります。

> レベル1：論点・論証を知らない。
> レベル2：論点・論証を知り，まずはそのまま暗記しようとする。
> レベル3：論点・論証を事案に応じて変容させることができる。

　レベル1から2には，体系テキストと論証集を読めばすぐに到達することができます。

　レベル2から3に到達するためには，論点・論証，そしてそれらに関連する知識全体に対する深い理解が必要になってきます。そもそも論点・論

証の基本形（キーワードや判例の言い回し）を暗記してマシーンのように吐き出せるようになっていなければレベル3に進むことはできません。

レベル2に達したらとにかく繰り返し

　人は一度覚えたと思ってもしばらくするとすぐに忘れてしまうものです。記憶はインプットとアウトプットの繰り返しで徐々に定着するものだと思っています。

　そして超短期的な記憶で足りた短答知識とは異なり，論証は中長期的な記憶として定着させる必要があります。

　そのため，レベル2に達したら見当違いな答案の作成も覚悟で，とにかく論証のインプットとアウトプットをひたすら繰り返すしかないのです。

　そうしていくうちに，「今回の事案はあの論点を応用したものだな」「今回は検討事項が多いから論証を短くしよう」と気づくようになり，適切な論点・論証を答案上に示せるようになるでしょう。

12 論証を暗記するコツは「条文紐づけ」

条文紐づけとは

　論証の基本形を暗記するのは大変です。私が意識したのは，「論証を条文の文言に紐づける」ことです。これにより暗記が少し楽になります。

　以下にいくつか例を挙げます（あくまで条文紐づけの例を示すものです）。

● 訴えの利益の判断基準の論点（行政法）は行政事件訴訟法9条1項括弧書きの文言に紐づけて考える。

> **第九条** 処分の取消しの訴え及び裁決の取消しの訴え（以下「取消訴訟」という。）は，当該処分又は裁決の取消しを求めるにつき法律上の利益を有する者（処分又は裁決の効果が期間の経過その他の理由によりなくなつた後においてもなお処分又は裁決の取消しによつて回復すべき法律上の利益を有する者を含む。）に限り，提起することができる。

「処分…の取消しによって回復」される権利利益が存在するか否かが判断基準の一つになる。

● 不動産賃借権の時効取得の論点（民法）は民法163条の文言に紐付けて規範を定立する。

> **第百六十三条** 所有権以外の財産権を，自己のためにする意思をもって，平穏に，かつ，公然と行使する者は，前条の区別に従い二十年又は十年を経過した後，その権利を取得する。

「所有権以外の財産権」＝不動産賃借権
「行使」＝「物の使用及び収益」（民法601条）＝目的物の継続的用益という外形的事実が存在すること（判例の要件①）
「自己のためにする意思」＝「自己のために」賃借「する意思」＝それが賃借の意思に基づくことが客観的に表現されること（判例の要件②）

● 既判力の客観的範囲の論点（民事訴訟法）は，「既判力」は「主文に包含するもの」（民事訴訟法114条1項）に生じるので，既判力は訴訟物たる権利関係の存否についての判断にのみ生じる。

> （既判力の範囲）
> **第百十四条** 確定判決は，主文に包含するものに限り，既判力を有する。

条文の文言から芋づる式に思い出す

　試験会場で唯一参照できるのが六法です。自分の頭の中の引き出しを開けてもどうしても思い出せない時に，条文の文言が手がかりになって論点・論証が芋づる式に出てくることがあります。

　「この条文の文言を見たらこの論点・論証を思い出せ！」と頭に刷り込んでいきます。これが論証暗記のポイントです。

未来の自分に残す「手がかり」

　司法試験・予備試験は，論文の問題一つ解くにしてもその復習には膨大な時間がかかります。そのため，気になった点について別の文献を参照することだったり，重要なところにマーキングをすることだったり，参考にページ数を書き込んだり…といった少しの手間が往々にして億劫になってきます。

　しかし，参照やマーキング，書き込みをしっかり行っておけば，再度見返したときに重要事項や関連事項をすぐに確認することができます。

　同じことを何回もするのは，効率的ではありません。最初の復習時に，未来の自分に「手がかり」を残すようにします。そうすることで，「どこに書いてあったかな」「どこで見たかな」と思った場合に，ゼロからではなく，前回の続きからスタートできます。

　少しの書き込みやマーキングで，毎回「リセット」ではなく，前回の延長から自分が得たい情報へのアプローチができるので，結果的に効率的です。

第3部

論文答案作成の
ベストプラクティス

第 **1** 章
論文答案作成のルール

01 途中答案にならないために

本番にはハプニングがつきもの

　論文試験の本番では，問題検討に時間を使いすぎて答案を書く時間が少なくなってしまったり，前半の答案を長く書きすぎてしまった結果，後半に割く紙面がかなり限られてしまったりと，普段しないミスや予想外のハプニングがつきものです。

　そんな時ゆっくり落ち着いて立て直す時間があるとよいのですが，残念ながら司法試験・予備試験の論文試験の制限時間は非常にタイトで，あっという間に時間が経ってしまいます。その結果途中答案になってしまっては最悪です。

　人間は認識と判断を繰り返しながら動作を行っていますが，司法試験・予備試験の現場においては一つの認識・判断のサイクルでさえも時間をかけるのが惜しいです。

能力の把握とルール決めでハプニングにも対応できる

　現状を認識して残された時間でどう立て直すか判断していく過程においては，答案作成で自分が発揮できる能力を把握しておくことが非常に重要となってきます。

　また，答案作成におけるルールを決めて普段から繰り返しそれを意識しておくことで，ハプニングに襲われてもルールに則って書く姿勢を崩さなければ大失敗を防ぐことができますし，ルールに従えばいいだけなので試験中の認識判断のプロセスをなるべく減らすことにもつながります。

　一番避けるべきだと言われる途中答案になってしまわないために，答案作成に入る前に意識すべきは以下の4点です。

- ●答案のページ数と1行あたりの文字数
- ●1ページあたりの記入速度
- ●ナンバリングのルール
- ●問題文の読み方

---

02 合格答案の分量

何ページの答案がベストなの？

　予備試験では最大4ページ，司法試験では最大8ページの解答用紙を使用できます。「答案は最低何ページ程度書けばいいのか」は，受験生が気になる点です。8割の分量を書くとするならば予備試験は3ページ以上，司法試験は6ページ以上になるでしょう。

　もっとも，司法試験・予備試験には「何枚以上書かなければ合格できない」というルールはありません。適正な答案枚数は科目によっても異なる

うえ，書く人の字の大きさによっても異なります。

　また，書けば書くほどよいというわけでもありません。論点を正確に押さえて漏らさず事実を拾って評価していけば，たとえその答案が少ない枚数であっても冗長な答案より評価されます。

分量が必要な科目とそうでない科目（司法試験）

　実際，民事訴訟法は端的に正確な指摘をすることが求められ，長く書いて正確性を欠く答案は避けるべきとの予備校講師からのアドバイスがありましたし，2013年の採点実感にも「答案の分量としては5枚程度でも必要かつ十分な論述ができていた」との指摘がありました。

　他方，刑事系は認定すべき事実が問題文中にたくさん落ちているので他の科目よりはたくさん答案を書いたほうがよく，最低でも7ページは書く受験生が多いでしょう。

　私は何度か答案作成と添削を繰り返してみて，憲法は6ページ強，行政法・民法・商法・民事訴訟法は7ページ，刑法と刑事訴訟法は8ページを各科目の目安にしていました。

1行あたりの文字数

　私は1行あたりの文字数は少なめで，科目ごとに書きやすい文字の大きさが異なっていました。

　司法試験の答案を例にあげると，ある程度の答案の型が決まっている憲法と，定義を正確に示さなければいけない民事訴訟法は自然と文字を大きく綺麗に書く傾向があり，一行あたり25文字程度でした。他方，現場での事実のピックアップが重要になってくる民法や刑法は字が小さく雑になる傾向があり，一行あたり30文字程度でした。

　文字が小さい人であれば，皆と同じページを目安にしようとすると冗長

な文章になり得ますし，文字が大きい人であればそのページ数で答案が終わってしまった場合，必要なことを書き落としている可能性があるでしょう。

　伊藤塾の論述例を参考にすると，一行あたり33文字程度なので，それを基準にしてみるとよいかもしれません。

03 自分の書く速度を知っておく

数値で知っておく

　自分は書くのが速い，遅いということを感覚的に捉えるのではなく，1ページあたり何分かかるかという具体的な数値で押さえることが重要です。その数値と先ほど確認した答案の枚数とをあわせて検討することで，答案構成に何分使うことができるか導くことができます。

　また，残り時間を見ながら試験時間内にあと何枚書くことができるかがわかるので「あまり時間がないから規範を短縮しよう」といった工夫をすることができ，途中答案を未然に防ぐことが可能になります。

私の場合

　私は司法試験の答案を1ページあたり12分程度で書いていました。そのため，答案構成にかけられる時間は，36分程度でした。

> 120分―（12分×7ページ）＝36分

　もっとも，私は答案構成段階で完全に答案の方針をまとめるのが苦手で，最初の1，2ページは考えながら書きがちだったので，問題文を読む

のと答案構成は30分以内に終わらせて，最初の1，2ページは15分使っても間に合うようにしていました。

　このように，1ページあたりにかかる速度を具体的数値として押さえておけば自分に適した試験時間の配分がわかります。

04 ナンバリングのルール作りで読みやすい答案を作る

読みやすい答案を作ることが前提

　ナンバリングには正解はありません。

　あくまで答案を読みやすくするための作業なので，読みやすい答案であれば，施す必要もないと思います。

　私はあまり字が綺麗ではないと思っていたので，比較的細かくナンバリングをしていました。もっとも，ナンバリングは答案の本質ではありません。なので，悩んで時間をそこで使ってしまわないように，私は一定のルールを決めていました。ここでいうナンバリングとは各科目の雛形フォーマットを意味します（下記はあくまでナンバリングの考え方を示すもので，逐一タイトル付けをしていたり，事案との関係で問題とならない点についても以下のように必ず検討していたという趣旨ではありません。また，見やすさの観点から文頭をそろえています）。

憲法のナンバリング

　憲法は架空の法令の違憲性を問うものがほとんどなので，問題となる規制毎に以下のようなナンバリングをしていました。

| 1．規制①は〜の〜する自由を侵害し違憲となりうる。 |
| （1）まず，上記自由は憲法〇条で保障される。 |
| （2）そして，規制①は上記自由を制約する。 |
| （3）では，上記制約は正当化されるか。 |
| ア　権利の重要性 |
| イ　規制態様 |
| ウ　合憲性判断の基準（①目的②手段） |
| （4）あてはめ |
| ア　目的の検討 |
| イ　手段の検討 |
| （5）よって，規制①は合憲／違憲である。 |
| 2．規制②は〜の〜する自由を侵害し違憲となりうる。 |
| （以下同じ） |

　また，近年の司法試験憲法の問題は，参考とすべき判例や自己の見解と異なる立場にも言及するよう指示があります。これについては，次のように，反論や判例ごとにナンバリングしていました。

| （1）上記自由は憲法上保障されるか。 |
| ア　ここで，〜であるため保障されないという反論がある。 |
| イ　これに対して，〜であるため，上記反論は妥当せず，上記自由は保障される。 |

| （3）では，上記制約は正当化されるか。 |
| ア　権利の重要性について |
| （ア）判例は権利について〜だと述べている。 |
| （イ）確かに，本件も〜なので，判例と同様に解することができる。 |

行政法のナンバリング

　行政法の場合は設問毎に複数の事柄が聞かれることがあります。また，設問に自由に答えてよいわけではなく，問題文の後に掲載されている【会議録】にある誘導に沿って聞かれたことに答えていかなければ，導き出した結論が同じでも点数をもらうことができません。

　問題文をしっかり読んで，「聞かれたことに答えていますよ」という姿勢を示すことが行政法においては重要なスキルになってきます。

　決まった答案の型はありませんが，上記スキルの一つとして，聞かれている項目毎にナンバリングしていました。

第1設問1
1．訴訟要件の充足性について
（1）処分性
（2）原告適格
（3）訴えの利益
2．主張すべき違法事由について
（1）違法事由①
（2）違法事由②
（3）…
第2設問2
…

民法のナンバリング

　民法の答案は予備試験の民事実務基礎科目の時とは異なり，抗弁や再抗弁という言葉は使いませんが，要件事実を意識したナンバリングにしていました。

第1設問1

1．AはBに対して（請求の根拠）に基づく〜請求ができるか。

（1）Aは要件①②③を充足し，請求できると主張する。

ア　要件①→事実認定

イ　要件②→事実認定

ウ　要件③→事実認定

（2）これに対して，Bは要件①を充足しておらず（否認）／

　　　要件αβγを充足し請求原因による法律効果の発生を障害し（抗弁），

　　　請求できないと反論する。

ア　要件①の検討

　　または

ア　要件α→事実認定

イ　要件β→事実認定

ウ　要件γ→事実認定

　　　　　　　⋮

（3）以上より，Aは〜の請求ができる／できない。

商法のナンバリング

　商法は「条文操作→問題提起→規範→当てはめ→結論」の流れが非常に多いので，それに従ったナンバリングを意識していました。

第1設問1（1）

1．Xは，〜は「（条文の文言）」にあたり無効であると主張する。
（条文操作）

（1）〜が「（条文の文言）」にあたるか。（問題提起）
　　　「（条文の文言）」とは〜（規範）

（2）（当てはめ）

（3）（結論）

第2設問1（2）
　　　　　⋮

民事訴訟法のナンバリング

　民事訴訟法は，苦手に感じる受験生が多いのですが，

> 定義・趣旨→原則認められない→「趣旨に反しなければ」例外的に認められる

または

> 定義・趣旨→判例の事案，結論を導く理由付け，判例の結論→問題文の事案と判例の事案の違い→本件事案の結論（判例射程問題）

という形式を崩さないことが重要です。

1．課題①
（1）定義・趣旨→原則論
（2）原則論の場合の不都合を明示
（3）修正のための規範を明示（「趣旨に反しなければ」）
（4）当てはめ→結論
2．課題②
（1）定義・趣旨
（2）判例の事案→結論を導く理由付け→判例の結論
（3）本件と判例の事案との相違点を検討 　　　本件に判例の理由付けが妥当するか検討
（4）本件事案の結論

　民事訴訟法は定義や趣旨を正確に示すことが得点につながるので，（1）定義・趣旨を書き負けないようにしましょう。

刑法のナンバリング

　体系に沿った記述を心がけます。刑法はすべての要件を充足して初めてある行為に犯罪が成立すると言えます。罪刑法定主義に則り，書かれざる構成要件以外は，条文を分解したものがまさしく構成要件です。

第1　甲の罪責について

1．甲が〜した行為に〇罪（刑法△条）が成立するか。

（1）（客観的構成要件の検討）

ア　まず，上記行為は「（条文の文言）」が行ったものであり，「（条文の文言）」にあたる。

イ　もっとも，上記行為は「（条文の文言）」に当たらないのではないか。

（ア）「（条文の文言）」とは＜規範＞をいうと解すべきである。

（イ）本件で甲が〜した行為は＜規範＞にあたる。

（ウ）そのため，上記行為は「（条文の文言）」にあたる。

ウ　上記行為は同罪の客観的構成要件を満たしている。

（2）また，甲に同罪の故意（刑法38条1項）が認められる。

（3）そして，甲の違法性・責任を阻却する事由や処罰阻却事由も認められない。（書かない場合もあり。）

（4）したがって，上記行為に〇罪が成立し，甲は同罪の罪責を負う。

2．次に，甲が〜した行為に●罪（刑法▲条）が成立するか。

⋮

3．以上より，甲は〇罪と●罪の罪責を負い，これらは手段と目的の関係にあるので牽連犯（刑法54条1項後段）となる。

また，近年の司法試験刑法の問題には，「以下の①及び②の双方に言及した上で，甲の罪責について論じなさい」という設問があります。

これについては，以下のように書いていました。

第1設問1
1．①の立場からの説明
（1）（客観的構成要件の検討）
ア　まず，上記行為は「（条文の文言）」が行ったものであり，「（条文の文言）」にあたる。
イ　もっとも，上記行為は「（条文の文言）」に当たらないのではないか。
（ア）「（条文の文言）」とは＜規範＞をいうと解すべきである。
（イ）本件で甲が～した行為は＜規範＞にあたる。
（ウ）そのため，上記行為は「（条文の文言）」にあたる。
ウ　上記行為は同罪の客観的構成要件を満たしている。
（2）また，甲に同罪の故意（刑法38条1項）が認められる。
（3）そして，甲の違法性・責任を阻却する事由や処罰阻却事由も認められない。（書かない場合もあり。）
（4）したがって，上記行為に〇罪が成立し，甲は同罪の罪責を負う。
2．②の立場からの説明
同上の流れ
3．私見
①と②の違いについて言及し，どのような理由でどちらの立場が妥当かを述べた後，本件事案に当てはめをしていく。①②で争いがない構成要件などについては簡単に触れるだけで済ませる。

刑事訴訟法のナンバリング

　ほぼ毎年捜査分野と証拠分野から出題があります。捜査分野は事実認定で点数を稼いでいくことが可能です。証拠分野のうちの伝聞の分野に関してはおきまりの流れがありました。

第2設問2	
1．本件文書の証拠能力	
（1）	本件文書は公判廷外のPの供述が含まれているため，伝聞証拠（刑事訴訟法320条1項）にあたり証拠能力が認められないのではないか。
ア	そもそも伝聞証拠排除の趣旨は～ したがって，伝聞証拠とは，①公判廷外供述を内容とし②要証事実との関係で供述内容の真実性を立証するために用いられる証拠を言う。
イ	本件文書は～なので①②を満たす。
ウ	したがって，本件文書は伝聞証拠にあたる。
（2）	また，弁護人の同意（刑事訴訟法326条1項）もないので，原則証拠能力は認められない。
（3）	もっとも，伝聞例外が認められ例外的に証拠能力が認められないか。 刑事訴訟法321条以下の検討
（4）	したがって，本件文書の証拠能力が認められる。

05 問題文の読み方

問題文読みは，１番重要なプロセス

問題文を読むということは答案作成の一番大きな土台になるもので非常に重要です。

まずは丁寧に全体を読み重要な点を再びさらいながら読む人，素早く何度も問題文を読むほうが事案をよく理解できるという人……人にはそれぞれ得意な読み方があります。

私は１回目をじっくり丁寧に読まないと，たとえ２回目を読んだとしても頭が１回目の情報に引きずられて読み飛ばしたところは読み飛ばしたままになってしまいがちだったので，読み飛ばしがないように１回目の問題読みをなるべく丁寧に行うようにしていました。

そして論文試験，特に司法試験では，問題文が非常に長いので，問題文を読みながら印をつけていきました。そうしないと後から情報を探そうと思っても見つかりにくく，どんどん時間が経過してしまうからです。

私の読み方

私は以下のような順番で問題検討をしていました。

① 設問に目を通す
② 設問を意識しながら問題文を読み，重要な事実や設問に関連する事実にマーキングする
③ もう一度設問を読む
④ マーキングしたところを中心にもう一度問題文を読む
⑤ 答案構成

マーキングの方法

　初めのうちは何色か蛍光ペンを使って問題文に色付けをしていました。しかし，ペンの持ち替えがタイムロスにつながると感じ，１本で複数の色が使用できる多色ボールペンに切り替えました。

　憲法や民法など，問題文に積極的事情と消極的事情が散りばめられている科目については，多色ボールペンのうち赤と青を利用していました。

　それ以外の科目はボールペンのうちの一色，またはシャープペンシルでマーキングしていました。

　また，行政法に限っては，【会議録】に解答すべき事由が散らばっているので，それはピンクの蛍光ペンでマーキングしていました。

　一色のマーキングだと時間は短縮できますが，少々わかりづらいので，以下の工夫をしていました。

- キーになる部分にはそれを丸で囲む。
- 事案の特殊性は波線を引く。
- 見落としやすいパートには大きく☆印をつける。

マーキングすべき事実

　以下の事実にはマーキングするようにしていました。

- **年月日**：答案作成において，事実の前後関係は非常に大事です。また，民法では時効や相続，行政法や商法では訴訟要件など，時系列の把握が肝となることも多々あります。
- **略語**：特に行政法では，「本件土地」「本件計画」「本件事業」といった言葉が問題文で多用されます。これらが何を指すのかわからなくなってしまうと，重要な事実を取りこぼすことにつながります。初めて略語が使われた

箇所（「以下『本件土地』という。」など）を見つけたら必ずマーキングするようにしました。

- ●**設問に答えるための誘導**：誘導に沿った答案を書いていくことが着実に点数を稼いでいくことにつながります。
- ●**積極的事情**：該当箇所の横に＋を記入していました。
- ●**消極的事情**：該当箇所の横に−を記入していました。
- ●**登場人物とその行為のうち重要な事情**
- ●**設問における追加的事情と解答すべき項目**

　その他，問題文の横の余白に問題文の事情の評価や，事実がどの要件に該当するかメモしていました。

第2章
科目別答案作成の極意

06 憲法は人権分野の骨組みを理解する

答案をブレなく書くために

憲法で頻出の人権分野では以下を意識すると答案のブレがなくなります。

人権の設定

同じ事実に着目しても様々な人権の設定の仕方があります。発言する自由，インターネット上で発言する自由，虚偽表現をする自由……といったように，修飾語をつけていけば人権を狭く設定していくことができます。もっとも，狭く設定するとそれだけその人権が憲法上保障されているとは言いづらくなります。

バランスが難しいところですが，私は〈制約されているのが明らかな権利〉を設定するようにしていました。

制約

　人権を設定した後に，かかる人権が制約されているという議論に進みます。制約の有無については水掛け論になってしまいがちなので，ここで問題にするのは制約の強弱のみです。そのためにも人権設定の段階で制約されているのが明らかな権利に絞っておくことが重要です。

　規制態様については直接的規制か間接的・付随的規制か，事前規制か事後規制か，内容規制か内容中立規制か，など着目すべき様々なポイントがあります。近年の反論を踏まえる出題方式だとこの点で議論を対立させていくことが多いです。

合憲性判断　①目的の重要性

　これは，なんとなく重要そうかそうでないかという観点だと水掛け論になってしまうので，反対利益の重要性と反対利益が害される可能性も考慮するとよいでしょう。

合憲性判断　②手段の検討

　適合性，必要性，相当性という3つの視点で検討していくことができます。近年の反論を踏まえる出題形式だとこの点が議論の対立のポイントとなります。ここでは議論の噛み合わせが非常に重要になってきます。

07 行政法は「論証→判例→事案と判例との違い」を意識する

　行政法では覚えるべき論証は限られています。その代わりに，判例がどういう事案についてどのように評価してどんな理由付けで結論を出したかをしっかり押さえることが大事です。

　【会議録】の中にも，「昭和○年判決は処分性を肯定しましたが本件ではどうでしょうか」といったような判例と事案との違いを意識させる誘導をされる場合があります。

　特に頻出の分野である処分性，原告適格，訴えの利益は，以下の流れを踏まえてアウトプットをしていけば上記の誘導に対応した答案が書けるようになるでしょう。

論証「Aの場合には，処分性が認められる」

→判例は事案の○○の点に着目して，〜だからAにあたると認定し，処分性を肯定した。

→本件は判例の事案とこのように違っているため，〜という理由付が妥当せず，Aにあたらない。よって，処分性は否定される。

　／本件は判例の事案とこの点において共通しているため，〜という理由付が妥当し，Aにあたる。よって，処分性は肯定される。

　インプットの際にもいわゆる判例の射程を意識することが重要になってきます。

08 民法は効果を意識した「主張→要件充足→反論」という流れ

　民法はまず，当事者の生の主張（問題文中にある法的整理されていないもの。「契約をなかったことにしたい」「お金を払って欲しい」など）を法的に整理し直して，当事者がどのような法律効果を求めているのかを確定します（契約取消や損害賠償請求権の発生など）。

　そして，法律効果を発生させるための民法上の根拠条文と要件を見極めます。

　さらに，要件を全て充足しなければ効果は発生しません。

　この思考で答案を組み立てていくことが重要です。反論についても同じように考えていきます。

　民法が改正されたことで多くの要件が条文上の文言として明示されるようになったので，条文の文言を引用しながら要件検討をしていくとよいでしょう。

　また，民法では人物関係，権利関係，時系列の把握が必須です。私は答案構成の段階で，問題文を読みながら，人物関係図，権利関係図，または時系列表を書くようにしていました。

09 商法は条文探しゲーム

　この事情絶対怪しいのだけど，何条に関する問題なのかわからないといったような出題が商法では多々あります。会社法は条文が1,000条近くありますが，そのうちのどの条文が問われても文句は言えません。すなわち商法の問題を解くにあたって，条文探しゲームをしなければいけない場

合があるのです。

　検討したい条文が見つからなければ時間もどんどん過ぎていき焦りも増していくので，インプットの段階でどの辺りにどの条文があるかということを『判例六法』（有斐閣）を見ながら具体的事案と一緒に押さえる事が重要になります。

　そして，条文が見つかったら必ず答案に条文番号を明示しましょう。

　条文を探せたこと自体に配点があるとも思われるので，見つかったことを採点官にアピールすることが重要です。

10 民訴法はマジックワードに頼らない

　民事訴訟法においては，「当事者に対する不意打ち防止」「手続保障」「訴訟経済」「期待可能性」「信義則」「蒸し返し」といった，民事訴訟法の制度や原則の基礎となるキーワードがあります。

　これらは非常に重要で答案に示す必要がありますが，あくまで抽象的なキーワードに過ぎません。それなのに，これらをマジックワードの如く多用し，「手続保障の観点から認められる」などとする答案が多いということが，採点実感などを通じて指摘されています。

　具体的な事案に応じて，「当事者」とは誰なのか，本件でいう「手続」とは何なのか，誰との関係で「信義則」が問題になるのかということを丁寧に答案に示していくことが重要になります。

11 刑法は縦横答案構成

答案構成が肝

　刑法の答案は如何に体系を崩さずに書くかが重要になるため，答案構成が肝となります。私は，体系の意識を忘れないようにするため，以下の図を試験が始まったらすぐに余白に記入するようにしていました。

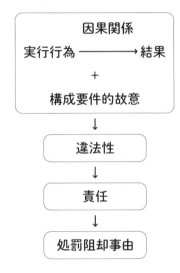

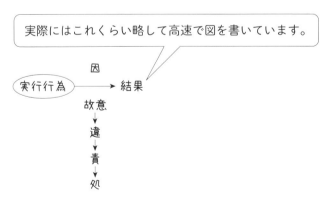

実際にはこれくらい略して高速で図を書いています。

時系列や関係を整理する

　また，複数人の実行行為が問題となった場合は，縦軸が時間（下の行為ほど新しい行為），横軸が実行行為者として以下のような表を書いていました。

　以下は2016年の司法試験刑法をベースにした答案構成の一例です。

　いちいち実行行為の内容を写すのは時間も手間もかかるので，問題文に直接○や△を書き込み，一人の行為者が複数の行為をしている場合には○や△の中に数字を書き込んでいました。次の図の場合だと，乙の行為は△と△，丙の行為は①と②です。

乙	丙	甲	丁
△住居侵入罪	①住居侵入罪	①指示行為	▽住居侵入罪
（甲と共）	乙との共より前	共謀	▽窃盗罪
	に	＋	▽強盗利得罪
	②現場共謀	基づく実行行為	▽建造物侵入罪
	帰責？	＋	▽不可罰的
△強盗致死罪		正犯意思	事後行為？
「暴行」　「強取」	承継共のQ	↓	→ No.
↓	自己の犯罪とし	乙と共謀共同正犯	窃盗罪
「死亡させた」	てする意思	but	
	↓	離脱？	
	あり	帰責？	
	＋	相互利用	
	乙の行為と結果	補充関係○	
	利用	＋	
	反抗抑圧状態	結果的加重犯	
	not 死傷結果	↓	
	↓	強盗致死罪	
		（乙と共）	

強盗罪の限度
甲・乙・丙の順次共謀

12 刑訴法は二段階枠組みを忘れない

　強制処分該当性を検討した後に任意処分の限界を検討するという197条
1項の二段階の枠組みは多くの受験生が心得ているところです。

　そして，それ以外の分野においても二段階の検討が基礎にあることが多
いのですが，一段階目を飛ばして検討してしまいがちです。そのため，常
に二段階枠組みを忘れないことを意識していました。

　忘れやすい二段階枠組みの例としては以下の通りです。

所持品検査の許容限度

① 　捜索に至らない程度の行為は，強制にわたらない限り許容される。

　　　　　　　　　①をクリアしたとしても

② 　具体的状況の下で相当と認められる限度においてのみ許容される。

取り調べの適法性

① 　実質的逮捕にあたらないか。

　　　　　　　　　①をクリアしたとしても

② 　事案の性質，被疑者に対する容疑の程度，被疑者の態度等諸般の事情を
　　勘案して，社会通念上相当と認められる方法ないし態様及び限度において
　　許容される。

やる気が出ない時は勉強しない

「やる気がすごい」「いつもエネルギッシュ」

私の勉強姿勢に対して周囲の人はこのような評価をしてくれます。

ですが，私はいたって普通で，「今日は勉強したくない」とやる気が起こらないことはよくあります。自己評価では，かなりモチベーションの上昇・下降が激しいと感じています。疲れがたまると余計ダメです。

勉強するモチベーションが上がらないときにどうすればいいか。

私の結論は，「やる気が出ないときは勉強しない」です。やる気が出ないときに無理に勉強をしようと思ってもうまくいかないからです。

やる気が出ないと思ったらすっぱり勉強をやめて，テレビを観るなり，漫画を読むなりする。またやる気が湧いてきたら勉強を再開すればいいのです。

こう聞くと，勉強をする時間が少なくなってしまうのではないかと思う人もいるでしょうが，「早くやる気が湧いてくる」ようにすればいいだけのことです。

やる気十分で勉強に臨むことによって学習した知識の定着力は格段に上がりますし，勉強したことがしっかり成果に生きていることが確認できればさらなるやる気につながっていきます。

「早くやる気が湧いてくる」ようになるには，まずは目的を再認識する必要があります。司法試験・予備試験に合格するということ，そして「べんごし」になりたい！という幼少期からの夢を達成することです。

試験勉強は目的を達成するための手段に過ぎません。

長い時間勉強をしていると，手段が目的化していきます。勉強をし続けることに拘泥してしまい，目的が自分の行動という小さなものに留

第3部　論文答案作成のベストプラクティス

第2章　科目別答案作成の極意

まってしまいます。目的が小さいので，やる気はすぐに出なくなるし失ったやる気はなかなか回復しません。

　「勉強をし続ける自分」への自己満足をモチベーションにしてはいけません。再度，司法試験・予備試験合格という本来の目的に照準を合わせ，モチベーションを上げていくことが必要です。

第 **4** 部

予備試験口述対策の
ベストプラクティス

第 **1** 章
２週間で仕上げる
スケジュール

01 口述模試でトレーニング

論文試験合格発表から口述試験まではたった２週間！

　予備試験の口述対策については，ノウハウや情報が乏しく，どうすれば
いいか悩む受験生も多いでしょう。ここで，口述対策についてまとめてお
きたいと思います。

　まず，重要なのが，論文試験の合格発表から口述試験までは約２週間し
かないということです。論文試験に合格した喜びに浸る時間はあまりあり
ません。

　論文試験から論文の合格発表までは３カ月程度。この期間に衰えてし
まった法律に対する鋭い勘を取り戻し，口述試験に合格できるレベルにな
らないといけません。

　さらに，口述試験はこれまでは＜書く＞アウトプットだったものが＜話
す＞アウトプットに変わります。インプットが曖昧でキーワードを並べて

ごまかそうと思っても口述試験の場合には「それどういう意味?」と試験官に詰められてしまうのでごまかしが通用しません。

　また,論文試験の時は問題文を全て読んでから,答案構成などによって目に見える形で思考を整理してアウトプットに移り,その後答案を書きながらも途中で筋道の修正を加えるといったことができましたが,口述試験は試験官とのやり取りの中で質問が飛んでくるので,聞かれたことに対する解答をすぐに頭の中で構成して,わかりやすく試験官に伝えるスキルも必要となってきます。

コツコツ勉強しておくのがベストだが……

　論文合格の自信があろうとなかろうと,論文試験が終わった後もコツコツ口述試験の勉強をしておくことがベストなのですが,論文試験という大きな山を乗り越えた後,人間なかなかそこまでのモチベーションを維持することはできません(私も頭の片隅には要件事実の復習をやり直そうという思いがありながら,結局法律事務所やニューヨークのリーガルテック企業でのインターン,大学の課題の忙しさなどを理由に論文合格前に口述対策に手をつけることはありませんでした……)。

　以下では,私の経験を踏まえて口述試験までのスケジュールを紹介します。

まずは口述模試の申し込みを急ぐ

　合格発表を見て,自分の受験番号があることを確認した後は,合格の喜びに浸るよりも先に,各予備校が行っている口述模試に申し込みましょう。合格発表直後から口述模試の申し込みが始まるのですが,私の時は,申し込みが殺到し電話回線が混み合って繋がらないという事態が発生しました。口述模試は定員が非常に限られているため,その日のうちに定員が

埋まってしまうこともあるそうです。

　この口述模試はとても大事だと思います。なぜなら，どんなに法律の知識を持っていても，試験官から問われたことに的確に，かつ簡潔に解答するというトレーニングをしておかなければ，なかなか本番で力を発揮できないからです。

　2週間の間にどれだけ場数を踏めるかが鍵です。練習そのものは友達と一緒に過去問を使いながら行うことができますが，自分よりも法律の知識に長けた試験官を前にして行う口述試験とは緊張感が大いに異なります。普段ならスラスラ言えることも，ちょっとしたことがきっかけとなってパニックに陥り言葉が出てこないといったことが本番で起こらないように，口述試験独特の雰囲気を事前に味わっておくことに口述模試の価値があります。

　私は普段利用していた伊藤塾の模試だけでなく，他の予備校の口述模試も受けました。

　インプットのやり方が間違っていないかを確認するために論文合格発表から3日後に，口述対策の折り返し地点での自分の実力を確認するため口述試験1週間前に，本番前の仕上げとして試験4日前に受けました。

02 私が口述試験前にやったことリスト

論文合格発表日の夜〜2日後

　口述試験に必要な法律の勘を取り戻すために，以下のことをしました。

- 要件事実と刑法の論証・構成要件の復習を行いました。
- 民事訴訟法や刑事訴訟法では短答知識に該当するような民事手続（訴えの提起，管轄，送達，書証，人証など）と刑事手続（捜査，公判手続，被告人の身柄拘束手続と解放手続など）に関連する箇所をテキストを使って確認しながら，判例六法を側に置き逐一条文を引く作業をしました。この時，時間はかかってしまいますが，短答や論文対策の時にマーキングをつけていなかった条文に関しては必ずマーキングをするようにしました。
- 論文対策の時はほとんどやっていなかった民事執行・保全の分野と法曹倫理に関しては基礎マスター（体系テキスト）を聞いてメモを取りました。

　これらをやってあっという間に1回目の模試を迎えました。

論文合格発表3日後

　朝から模試の受験会場に向かいました。本番ではスーツを着用する受験生がほとんどなので私も模試では毎回スーツを着用していきました。また，髪もゴムで縛り靴も大学の入学式の時に買った黒い靴を履いて本番と全く同じ格好で臨みました。友人の話によれば，髪型や服装に関して模試の試験官が指摘してくれることもあったようなので，模試の機会を活かして本番に向けた身だしなみチェックをするとよいと思います。

　論文試験に合格してからの数日間は一人でインプットをするばかりだったので，この模試は私にとって初めての口述試験に向けたアウトプットで

した。次に何が聞かれるかわからない緊張感や，答えに詰まってしまった後の焦燥感といった独特の雰囲気を知ることができたとともに，1回目の模試を経ての自己評価では以下の2点が反省点として挙がりました。

① 要件事実や刑法の知識，そして直前に詰め込んだ民事執行・保全と法曹倫理の知識はある程度頭に入っていたが，反射的にアウトプットができないものが一部あった。
② 民事手続や刑事手続に関しては知識のインプットにムラがあって，自信たっぷりに答えられるものと全く思い出せないものがあった。

　したがって，その自己評価を踏まえて，①に関してはアウトプットを繰り返すことで，そして②に関してはしばらくは手続のインプットをメインに行うことでそれぞれのレベルアップをすることに決めました。
　そしてその日から早速，論文試験に合格した大学の友人と口述過去問を使って練習を始めました。

論文合格発表4日後〜口述試験1週間前

　過去問を使って友人と役割を交代しながらアウトプットをひたすら繰り返しました。

● 全部で8年分過去問があったので毎日1年分は必ずやるようにしていました。
● 空き時間には民事手続・刑事手続・要件事実・刑法の構成要件のインプット，民事訴訟法と民事訴訟規則・刑事訴訟法と刑事訴訟規則・弁護士職務基本規程の条文素読を行いました。

　過去問も残すところわずかとなったところで，次の模試を迎えました。この模試では，自分がインプットしてきたことを確実にアウトプットできるようにするだけでなく，アウトプットの仕方（部屋に入る時の所作，話

し方，試験官からの質問に答える時にまず「はい」と返事をするなど）にも注意するようにしました。

　そしてこの模試を経て，

① 手続に関しては繰り返しのインプットが功を奏して反射的に的確に答えられるようになった。
② 刑法における学説の対立についてのインプットが不十分だった。
③ 刑事訴訟法の論証も押さえておくべきである。

という3点に気づきました。

　また，模試の試験官から「受け答えが自信たっぷりで大きな声でできている点がとてもよい。逆に言えばインプットに自信がないものについては試験官に伝わってしまう。」と言われたため，口述試験本番までの残りの時間はインプットにかける比重をかなり増やすことに決めました。

　ちょうどこの頃に口述試験の受験票が届きます。それぞれの科目が何日目にあるのか，そして午前か午後かを必ず確認しましょう。1日目を民事だと勘違いして受験会場に行ってみると刑事だったなんてことも時々あるそうです。

口述試験6日前～1日前

　やり残した過去問を全て終え，2つ目の模試で課題に挙がった刑法の学説対立の確認と刑事訴訟法の論証集を確認した後は，試験の前日までこれまで見てきたインプット教材にもう一度目を通しました。

　また，私は1日目が民事，2日目が刑事でした。初日の民事でいいスタートを切ることができるように訴訟物，請求の趣旨，各要件事実は何があっても完璧に言えるように何度も見直しました。

　さらに，試験の当日は移動が多くあまり荷物を持っていけないため，本番にどの教材を持っていくかを意識しながら，その教材に重点的に最後の

書き込みをしました。

　もっとも，ずっとインプットばかりしていても集中力が持たないので，模試で自分がやらなかった方の問題を友人に出してもらうアウトプットの時間も1日1時間程度作るようにしていました。

　口述試験4日前に受けた口述模試は本番だと思って受験しに行きました。自分が知らない知識や思い出せない知識が出題された時を意識して「わかりません」を絶対に使わないようにして切り抜けることや，一つの問いになるべく簡潔に答え，ペースのいいやり取りが続くことを意識して本番への調整を行いました。

03　おすすめ教材と使い方

口述対策のバイブルを使うかどうか

「大島本」,「類型別」,「新問研」……など,口述対策として有名な本はいくつもあります。私の周りでもこれらを使用している受験生は少なからずいましたし,口述対策において大いに役に立つ本だと思っています。私も口述対策を始めた当初これらを購入するか迷いましたが,2週間という限られた時間の中で知識の精度を上げるためには,新しい教材に手を出すよりもこれまで使っていた教材や手持ちの教材を使用したほうが自分には向いていると思い,購入しませんでした。

また,口述対策として民事訴訟法と刑事訴訟法の短答過去問を解く受験生も多くいますが,私は短答があまり好きではなかったので口述対策として短答過去問を解くことはしませんでした。以下では,私が口述対策で使用した教材を紹介します。

基礎マスター（民事訴訟実務）

民事対策のメイン教材として使用していました。1冊の中に要件事実・民事手続・執行保全がまとまっており,やや分量はありますがこの1冊を何度も読み返しました。

特に,各章のラストに掲載されている【主張立証構造のまとめ】のページは,A3サイズに拡大コピーして各請求原因・抗弁の下に要件事実を全部書き込み,一元化の工夫をしていました。

それ以外にもなぜそのような訴訟物になるのか,なぜ要件事実はそれで足りるのか又はそれでは足りないのか,なぜ主張自体失当となるのかといった民法の論点的な知識も全て書き込むことで,その紙を見れば口述試

験に必要な民事実体法の知識はほぼ網羅できるようにしました。

　また，『紛争類型別の要件事実―民事訴訟における攻撃防御の構造』（司法研修所）を利用している友人とお互いのテキストで不足している分野をチェックし合い，不足しているものがあれば，それらに関する知識や要件事実もこのコピーに書き込みました。

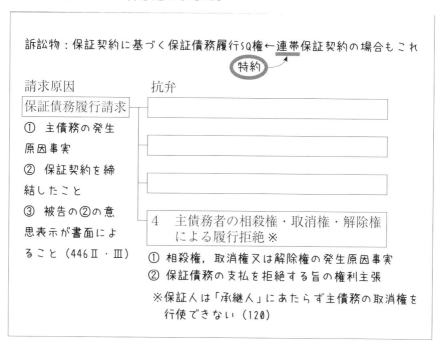

論証集（民法）

　賃貸借は出題が予想されている分野かつ論点的知識が多いため事前にその分野の論点をもう一度確認しました。

基礎マスター（民事訴訟法）

　管轄や争点証拠整理手続などに関するページをピックアップして別のフォルダに綴じて使用していました。一度目を通した後は，隅々まで通読するというよりは，模試や過去問練習で間違えた知識を参照する辞書代わりに使用していました。

論証集（刑法，刑事訴訟法）

　刑法は論証集に掲載されている論証を全て見直しました。その後刑法総論に関しては正当防衛・中止犯・共犯の分野について，刑法各論に関しては全ての分野について論証集に書き込んだメモに目を通し，判例の事案の特殊性を意識しながら判例の事案とその判旨，特に重要な判例の言い回しをチェックしました。

　刑事訴訟法に関しては訴因，違法収集証拠，伝聞の分野については一度確認しましたが，あまり時間がなくそれ以上のチェックはできませんでした。実際に，私の受けた年度では訴因について詳しく聞かれたので，刑事訴訟法におけるこれらの分野の論証や重要知識は重点的に押さえたほうがいいと思います。

基礎マスター（刑法各論）

　過去に自殺関与罪というマイナー犯罪が問われていることもあり，掲載されている論点には目を通しました。その上で，生命・身体に対する罪，財産に対する罪に関しては，構成要件や定義はもちろん，学説対立や判例がどの立場に立って規範に事実をどのように当てはめているかについて確認しました。学説対立に目を通す際には自説からはどのような結論が導き出され反対説からは結論がどう異なってくるのかを意識しながら読みました。

　また，口述試験では抽象的なワードや曖昧な言葉を言うと「それはどういう意味？」と突っ込まれ，墓穴を掘ってしまうことになりかねないので，判例に出てくるキーワード的な言葉は具体的事案に対する当てはめの上でどのように使用されているかを確認することも有益だと思われます。

基礎マスター（刑事訴訟法）

　捜査や公判手続に関するページをピックアップして別のフォルダに綴じて使用していました。特に，手続の流れを示す図は試験の直前まで何度も見返していました。

基礎マスター（法曹倫理）

　法曹倫理はこれ1冊で勉強しました。論文試験合格後に基礎マスターを受講した後，口述過去問と論文試験の実務基礎科目で出題された条文に該当するページは何度か読み直し，重要だと思ってマークしておいた箇所を試験直前にチェックしました。

『司法試験予備試験法律実務基礎科目ハンドブック2刑事実務基礎』（辰已法律研究所）（通称：青本）

　刑事系の手続に関するインプットのメイン教材として使用していました。前述のように基礎マスター刑事訴訟法は出題可能性のあるページを自己判断で抜粋して勉強していたため知識漏れが怖かったのと，青本は多くの受験生が口述対策として使用する教材だということもあり，第1部（刑事手続）に絞って何度も読み直しました。

　逆に民事の対策としては，基礎マスター民事訴訟実務にかなり詳しくまとめられており使い慣れてもいたので，基礎マスターが網羅していない分野があるかのチェックを『司法試験予備試験法律実務基礎科目ハンドブック1民事実務基礎』（通称：赤本）を参照しながら行った後は，赤本を使用することはありませんでした。

論文マスターと予備試験の過去問（法律実務基礎科目）

　教材でのインプットばかりだとどうしても具体的事案から離れてしまうので，法律実務基礎科目の論文試験問題を使用して制度や手続，要件事実の具体的事案をイメージできるようにしました。問題を解き直すというよりも，①問題文と設問を流し読みする，②答案構成などはせずにすぐに解答を読む，③気になるあてはめや論点があれば一元化教材に書き込む，といったルーティーンを1回あたり10分〜20分程度で行いました。

判例六法

　判例六法には，条文だけでなく口述試験での出題のベースとなるような重要判例も掲載されています。そのため，口述対策のはじめのうちは，知識にたくさん触れるという意味で判例六法を使用していました。

　口述試験では，「それは何条に規定がありますか」といった質問がしばしばされるので，規則を含めた条文の素読は何度も行いました。口述の練習をする際も，聞かれていなくとも常に法律上の根拠（民法，民事訴訟法，民事執行法，民事保全法，刑法，刑事訴訟法）を頭に思い浮かべるようにして反射的に条文とセットで知識を答えられるようにしていました。

論文試験に合格した年度の司法試験予備試験用法文

　口述試験の際には机上に司法試験予備試験用法文が置かれており，試験官の許可を得れば試験中に参照することができます。しかし，参照できるのは質問に対する解答を導くための最小限のものですし，参照の許可を断られることもあるので，実際には試験中に机上の六法を頼りにすべきではないでしょう。そうはいっても，「何条に規定がありますか」という質問が来た際に覚えていなければどうしようもなく，六法を引かざるを得ない場面が出てくるかもしれません。その時にスムーズに六法を引いて条文を素早く見つけることができると好印象です。そのため，私は試験の1週間前からは条文素読の際に使用する六法を判例六法から試験用法文に切り替えて，条文の場所を大方把握できるようにしておきました。

口述再現集

　全ての年度の口述再現集を参照しました。04で具体的な使用方法を紹介します。

04　口述再現集を使った友人との練習

伊藤塾の口述過去問集を１日１年分のペースで

　短答や論文試験に関しては過去問が法務省のホームページに掲載されているのですが，口述試験に関してはそのような掲載はありません。私は伊藤塾が提供している非売品の口述過去問集を利用しました。

　この過去問集は実際に口述試験を受験した受験生による再現集です。再現集は受験生の記憶を頼りに受験後に作成されるため，完璧な過去問集ではありません。しかし，これには試験官との本番のやり取りだけでなく受験生の心情や受け応えをした時の試験官の反応までもが掲載されているうえ，近年の再現集に関しては合格者のやり取りと不合格者のやり取りのどちらも掲載されています。

　したがって，模範解答はなくとも，このような解答が求められていたのだなといったことや，ここは絶対に間違えてはいけないところだったのだなということがわかりとても有用でした。

　この口述再現集を利用して１日に最低１年分のペースで友人と練習しあっていたので，その使用方法について紹介します。

友人との練習方法

　口述の問題は，１日目と２日目で異なる問題が出題されるので，各年度毎に民事２つ，刑事２つの問題が掲載されています。そのため，民事①と刑事①の問題に関しては，私が試験官役で友人が受験生役を，民事②と刑事②の問題に関しては，友人が試験官役で私が受験生役を，というような役割分担で行います。

　試験官役を担当する民事①と刑事①に関しては，練習の前に予習をしま

す。まず，前述したように，掲載されているのはあくまで受験生による再現なので，質問とその答えが不十分なものもあります。再現集には複数人の受験生による口述試験の再現が掲載されているため，いくつか見比べながら質問と正しい答えを補っていきます。

　次に，再現を何通りか見ていると，「これは正解にたどり着くまで次に進めない質問だな。正解が出るまで何度も誘導しよう」，「この質問はこの受験生が優秀だったから応用的にした質問だな」などといった試験官の出題意図を汲み取ることができるので，その出題意図をチェックします。

　最後に，答えの部分は隠して質問のところだけを見て答えがスラスラ言えるかをチェックします。試験官役なのに自分からした質問の答えがパッと浮かばないと，受験生役とのやりとりが滞ってしまうからです。言えなかったものや曖昧な知識に関してはテキストを参照して，必要があれば解答欄に書き込みをします。

　そうした後に，友人と合流して役割を交代しながら練習していきます。

　友人との練習の一つ一つが自分にとっても相手にとっても有意義なものになるように，試験官役として担当する問題は詳しく分析し，受験生役として向き合う問題に関しては友人との練習といえども緊張感を持って行うようにしました。

意識の高い仲間を作る

　前向きな気持ちで勉強するために私が行ったことは，以下の3点です。

・Twitterで司法試験・予備試験の受験生をフォローして情報を得る。
・自主ゼミを組んでいた友人と頻繁に進捗報告し合う。
・自分の答案を見てもらってフィードバックを受ける。

　Twitterは，司法試験・予備試験に向かって共に戦う仲間が何をしているのかについての情報を得られるだけでなく，自分だけが抱えていると思っていた悩みについて，意外と自分以外の受験生も抱えていたのだと気づく機会にもなります。気持ちが前向きになるきっかけとなることもあります。

　自主ゼミの活用については36〜37ページで詳しく述べましたが，意識の高い仲間とやりとりをすることで「頑張っているのは自分1人ではない」と実感することができます。

第4部　予備試験口述対策のベストプラクティス

第1章　2週間で仕上げるスケジュール

第2章
口述試験本番の様子

05 持ち物リスト

受験票

　改めて，自分の受験日程を確認しましょう。1日目は民事か刑事のどちらなのか，そして各日程の時間帯は午前なのか午後なのかを確認して当日の大惨事を防ぎましょう。

スーツと靴

　スーツにシワが無いかや靴が汚れていないかをあらかじめチェックして，当日の朝に慌てることがないようにしましょう。

替えの靴

　口述試験は肉体的にも精神的にも非常に疲れが溜まります。試験会場までは駅から多少歩きますがヒールの靴は履き慣れておらず足が痛くなってしまうので，少しでもストレスを減らすために受験会場までの移動には普

段履き慣れている靴を履いていました。

防寒具，座布団，飲食物（チョコレートや眠気覚ましのお菓子など）

　試験当日は自分の順番が来るまでパイプ椅子が並べてある大きな会場の指定された席に座って待機します。もっとも，受験会場に着くまで自分の順番はわかりません。1番の場合だと集合時刻から1時間以内には試験が始まりますが，最終番号の場合はその大会場で3時間近く待たされることもあります。最後の知識確認に集中できるように，待機時間を少しでも快適に，かつ有効に過ごすための寒さ対策や疲労軽減，リフレッシュなどができる工夫をしました。

勉強道具

　口述試験は待ち時間が長く，特に午前の部は自分の試験が終わっても午前の受験生全員の試験が終わるまで試験会場から出ることができません。そのため，1日目の試験が午前の部の場合には当日受験する科目の教材だけでなく，翌日の受験科目の教材も持参しておくことをおすすめします。また，試験会場内は移動が多いため，荷物が重くなってしまわないように最低限の教材に絞って持参しました。このためにも，口述対策のうちから何か一つをベースの教材に決めてそれを一元化教材にしていくといいでしょう。また，会場内では電子機器の使用ができないので，普段iPadなどのタブレットで勉強している人は印刷していったり，紙の教材を用意する必要があります。

その他

　筆記用具，ハンカチ，ティッシュ，時計，携帯電話等

06 本番当日の過ごし方

プレッシャーがすごかった

　試験本番当日は「口述試験に落ちてしまったらまた短答試験からやり直さなければならない」ということへの恐怖感や，「論文合格者の9割が合格する」というプレッシャーに押しつぶされそうになりました。しかし，それは他の受験生も同じです。

　論文合格発表後の2週間でやってきたことに自信を持って試験に臨もうという心意気で受験会場に向かいました。

タブーを確認

　私は1日目民事，2日目刑事で両日とも午前の部でした。

　緊張感に包まれた異様な雰囲気やトイレにも自由に行くことができない（行きたい人が一定数集まったらみんなでまとまって行きます）など普段と違うことが多くありますが，戸惑うことなく平常心を保って待機時間に最終の知識確認をして過ごせるとよいと思います。

　また，人間は緊張すると何をしでかすかわからないので，部屋に入る際に名前を言ってはいけないといったタブーポイントをもう一度心の中で繰り返しました。

落ち着いて聞くことが肝心

　対話形式のアウトプットでは，①質問を聞いて理解する，②知識を整理して解答を頭に思い浮かべる，③解答を試験官にわかりやすく伝える，という3つのフェーズがあります。フェーズ①で引っかかってしまうと②③

も連鎖的にできなくなってしまいます。そのため，試験官の話すことに注意深く耳を傾けることを意識して試験に臨みました。

試験官の話すことを
注意深く聞く！

疲労困憊でした！

　1日目の民事に向けて訴訟物等入念に知識確認を行っていたおかげで，1日目はノーミスで終えることができました。1日目の午後からは次の日の対策に臨もうと思いましたが，帰宅後予想以上に疲れて勉強の効率が非常に低下しました。1日目と2日目の間の勉強はそれほど当てにしないほうがよいかもしれません。

第 5 部

司法試験・予備試験
「意外にすごい」勉強法

第1章
ノルマを立てずに 手帳を活用する

01 ノルマをあえて立てない

ノルマは絶対必要か？

　本章でいうノルマとは、「毎日短答○問、論文○問必ず解く！」「1日に○ページ読んで1週間でこの教材を必ず読み終える！」といった習慣化されたノルマのことを指します。私はこうしたノルマを立てずに勉強していました。

　もちろん何事においてもゴールから逆算してノルマを設定し、物事を計画的にこなしていくに越したことはありません。しかし、忙しい人にとっては、せっかく立てたノルマが初日から頓挫してしまうことがあるのです。

　勉強計画を立てたものの、予想していなかった予定が入ったためノルマをこなせず、また計画を立て直すも、またもや予想していなかった予定が入ってきてノルマをこなせない……このようなループを繰り返していると、勉強も嫌になってきてしまいます。

ノルマを果たすことができれば，達成感で次のやる気につながります。逆に，ノルマをこなせなかった場合には負担が積み重なっていくので，失望感や勉強への嫌悪感が大きくなってしまうというリスクがあるのです。

連鎖

ノルマ式ではなく達成型にする

そこで私は，あえてノルマを立てないという選択をしました。ノルマを設定していなければ，想定外の用事が入ってしまった時にもその後の勉強内容を柔軟に変更できます。また，新たなチャレンジをしていくうえでの心理的足枷が少なくなります。

そもそも，細かい勉強計画を立てるのにも時間がかかりますし，計画を立てるだけで満足してしまうこともあります。しかし，計画なしで漫然と勉強しているだけだと，勉強にメリハリが生まれず，終わらせたかった教

材が終わらないという事態が起こりかねません。

　そこで，私が出した結論は，システム手帳の活用です。全てシステム手帳に情報を一元化して，勉強と頑張ったチャレンジの足跡を残すようにしていました。ノルマではなく，システム手帳に「やったこと・できたこと」を書いていく方法です。

02 挟み撃ち手帳管理法

システム手帳を準備

　いつでも持ち歩けるようなコンパクトなものがおすすめです。私はいつもＢ６サイズです。

　意外と重要なことが，手帳の手触りや色です。いつでも身につけるものなので，自分が気に入った手触りや色のものを買うようにしています。私は以下の３点を手帳選びの必須条件としていました。

- 月間ページ（見開き１カ月のブロックタイプのカレンダー）と週間ページ（見開き１週間）があり，月間と週間が連続したページ構成であること。
- 月間ページ・週間ページとも，書き込みのための余白が多いこと。
- 開きたい月がすぐに開けるようにインデックスがついていること。

月間ページに書き込むこと

「挟み撃ち手帳管理法」では，月間ページに以下のことを書き込みます。

- 司法試験・予備試験の日程（短答試験だけでなく，論文試験，口述試験など合格を見越した予定を全て記入）
- 模試や答練，自主ゼミの日程
- 大学の試験やその他チャレンジのために必要な書類等の締切や選考の日程

このように，すでにわかっている予定の日程は初めの段階でできるだけ書き込んでおきます。これにより，自習のために使える時間がある程度把握できます。

重要なのは，物事が上手く運んだ場合の先々の日程まで記入しておくことです。短答試験に合格した後の論文・口述試験や，チャレンジにおけるその先の選考の予定などです。

予め全てがうまくいったことを想定しておけば，自習できる時間はこれだけしかないのだという危機意識を芽生えさせることができます。

週間ページに書き込むこと

週間ページには，試験やチャレンジに必要な準備を書きます。

模試など，本番を想定して一通りの実力確認をしたいものについてはしっかり準備をしておきたいので，1カ月前の段階で模試の前に準備したいことについての書き込みをしていました。他方，毎週の自主ゼミなどは，毎回ゼミに参加する度に自分の強みや新たな課題を見つけるので，一つのゼミが終わってから初めてその次のゼミのためにやっておきたい準備を週間ページに書き込んでいました。

具体的な書き方　―現在から未来へのアプローチ―

　月間・週間ページの書き方の例です。この週は，刑法の過去問自主ゼミが2月1日，チャレンジに向けた選考が2月6日にあります。また，2月8日から重要な模試が予定されています。その場合，以下のような書き込みを行います。

月間ページ

月	火	水	木	金	土	日
2/1 2015 刑法自主 ゼミ	2/2	2/3	2/4	2/5	2/6 選考	2/7
2/8 模試 憲・行政	2/9 模試 民・商・ 民訴	…				

週間ページ

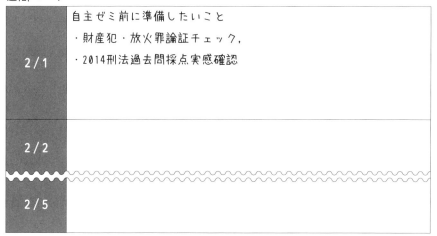

2/1	自主ゼミ前に準備したいこと ・財産犯・放火罪論証チェック， ・2014刑法過去問採点実感確認
2/2	
2/5	

2/6	選考 ・OBOG ヒアリング ・資料集め ・添削
2/7	
	〜〜〜〜〜〜〜〜〜〜〜〜〜〜〜〜〜〜〜〜〜〜〜
2/8	模試のためにやりたいこと ・憲法—2012〜2019年採点実感確認 ・行政法—処分性・原告適格判例チェック
2/9	模試のためにやりたいこと ・民法—付箋論証チェック，債権の一生改正後処理チェック ・商法—重要判例レジメ確認，論証チェック ・民訴—定義確認，重要判例レジメ確認，既判力過去問確認

　月間ページで自分の忙しさが一目でわかるように把握し，週間ページで
やりたいことを整理しておくということです。現在が1月28日だとする
と，2月1日にある自主ゼミという未来の予定に向けてそれまでに準備し
ておきたいことを列挙します。これは，目標としている予定に現在から未
来へアプローチしていく方法です。

具体的な書き方　—現在から過去へのアプローチ—

　そうして，準備を経て目標としていた予定を終えてからも，まだまだ手
帳の出番はあります。

先ほどの２月１日の刑法の自主ゼミを例にあげます。２月１日の自主ゼミまでに財産犯と放火罪の論証チェックをしておきたかったが，結局論証チェックは財産犯までしかできず，その代わりに財産犯の判例を確認した場合には，以下のように書きます。

・財産犯・放火罪論証チェック　→財産犯の判例を確認
・2014刑法過去問採点実感確認

できなかったものは傍線を引っ張り，代わりに行ったものは週間ページに新たに書き込みます。これにより，自分の勉強の軌跡が一目でわかります。目標としていた予定に，現在から過去へとアプローチしていく方法です。現在から過去を振り返り，自主ゼミというイベントに向けて自分が達成できたことを整理します。

それぞれの予定に現在から未来へ，現在から過去へアプローチしながら勉強の軌跡を残していくので，私はこれを「挟み撃ち手帳管理法」と呼んでいます。

「挟み撃ち」手帳管理のメリット

メリットは，ノルマとは違い，柔軟に勉強できることです。週間ページの書き込みはあくまで目安であり，自習の内容はその書き込みに縛られないからです。

急な用事に柔軟に対処しながらも，いくつか指標を設定し，その指標に向けた準備をすることで漫然と勉強をすることを防ぐことができます。そ

して現在から過去を振り返り，自分が「やったこと・できたこと」の軌跡を確かめられることで，モチベーションの維持ができるのです。

もちろんこの手法を使った場合は積み残しが気になるかと思いますが，私は後述の過去問スタンプラリー表を使って学習の進捗をコントロールしていました。

03 手帳に作る 過去問スタンプラリー表

過去問中心のインプットとアウトプット

司法試験・予備試験を通じて，特に論文試験の過去問は非常に重要です。

インプットのやり方が間違っていないかどうかの確認は過去問を解くというアウトプットが一番良い方法ですし，もし間違っていたと気づいた場合には，過去問というアウトプットを通じて，インプットのやり方を修正していくことになります。

そのため，論文過去問はなるべく早い段階に，なるべく多くやったほうがよいというのが私の持論です。

過去問の進捗管理は大変

もっとも，インプットが不十分な時期に手当たり次第に過去問を解いていくと，初見の問題がなくなってしまい，インプットの方向性が本当に正しかったかどうかの見極めを後から行うことが難しくなってしまいます。逆に過去問を使ってのアウトプットが遅くなりすぎると試験までに解き終えることができません。

このように，試験合格のためには過去問の進捗管理が非常に重要になってきます。しかし，予備試験だと一般教養を除いた９科目，司法試験だと８科目が，それぞれ2011年，2006年から蓄積されているので，この膨大な量の論文過去問の進捗を管理していくのは大変です。

　そこで私は手帳の大きな余白ページに表を作って，過去問の進捗管理を行いました。名付けて，「過去問スタンプラリー表」です。

表の作り方

　手帳の大きい余白ページ（できれば丸々一枚余白の部分）に書き込みをしていきます。

　横軸に各科目，縦軸に予備試験であれば2011，2012，2013…と，司法試験であれば，2006，2007，2008…と，受験する前年まで記入します。そうすることで，各科目各年度に対応した簡易な表が簡単に出来上がります。

過去問スタンプラリー表
司法試験

	憲法	行政法	民法	商法	民訴法	刑法	刑訴法	選択
2020								
2019								
2018								
2017								
2016								
2015 ...								

> 日付を入れる。もう一度解きたいものは日付を（ ）で括る！
> 時間が足りなかったら下線！

　あとは，過去問を解く度に，対応する場所に解いた日付を記入していきます。そして，もう一度解きたいものについては日付を（ ）で括る，答案の方針は合っていたが時間が足りなかったものについては日付の下に下

線を引くというようにしていきます。

　たったこれだけのことですが，こうすることで過去問の達成度が把握できて，あまり進んでいない科目があればその科目に重点的に時間を割こうというような対応ができます。また，（　）が多い科目についてはもう少しインプットが必要だ，下線が多い科目については時間配分がネックだからアウトプットが必要だ，などといった次なる高みを目指すうえで必要な対策が進捗管理を通じて浮き上がってきます。

　単なる進捗管理ではなく，各科目毎の理解度チェックと今後何をすべきかの計画立案を一目で把握できるようにしました。

同じ時間・同じ場所にこだわる

　私は勉強に対するモチベーションの上昇・下降が激しかったので，同じ時間に同じ場所で勉強を続けることで，その時間にそこに向かえば自然と勉強スイッチが入るようにしていました。

　基本的には大学の法学部自習室を利用していました。朝から閉室時間まではその場所でしっかり勉強し，それ以外の場所ではしっかり休むというようにして，時間と場所をうまく使い分けて自分の勉強リズムにメリハリをつけることができました。

第 2 章
五感で情報を仕入れる

04 机の上を片付けない 教科書横断勉強法

片付けられないのではないんです，あえて出しっぱなし！

　論文の答案を書いた後，復習する際に意識していたのは「教科書横断勉強法」。

　大層な勉強法だと思われるかもしれませんが，非常にシンプルです。つまり，これは勉強机の上を片付けない！　出しっぱなし！　ということです。そもそも私は片付けが苦手なのですが，ここは意識的にあえて出しっぱなしにしていました。

ぐちゃぐちゃな机でも頭は整理される

　論文の答案を書き上げた後，復習することは大事です。復習しなければ時間をかけて書いた意味は半減してしまいます。

116

その際，「関連する判例はどこに書いてあったかな」「その判例に出てくる重要論点については具体的にはどのような議論の対立があったかな」「その論点から派生する問題がどこかに書いてあったかな」と数々の疑問点が生じます。そしてその疑問を解消するために多くの文献を参照しなくてはなりません。

この時，私は参照してもすぐには片付けず，それぞれの文献を開きっぱなし，出しっぱなしにしておきます。机の上は教材でぐちゃぐちゃになりますが，むしろ自分の頭の中の知識はぐちゃぐちゃになるどころか教材を超えて有機的につながります。

司法試験では，様々な知識について多角的に問われます。制限時間内に完璧な答案を書くことは非常に困難です。少しでも多く正確に答えていくには，一つの知識について多方面からカバーする必要があります。一つの知識でも，著者や教材によってその表現の仕方やアプローチの仕方は様々です。

そこで，複数の教材を机上に広げて，一気にまとめて情報にアプローチするのです。

これが，「教科書横断勉強法」です。

05 付箋による「視える化」

ボーっとしている時間も活用できる

　長い時間勉強をしていると当然疲れます。ボーっと休憩することもたまには必要です。私はスイッチオフになると，上空を眺めていることが多いです。そんな勉強スイッチオフの状態であっても，自らに負担をかけずに情報にアプローチする方法があります。

　単純ですが，目の高さに情報をぶら下げることです。こうすると無意識に自然と視覚を通じて情報を摂取できます。

　なかなか覚えられない知識，何度やっても定着しない知識は勉強の中でいくつか出てくるものです。そして，結局そうした苦手な知識を自分のものにしていく場合には，何度もその情報にアプローチして自分の中での違和感をなくして慣れていく以外に方法はないのです。

付箋を活用

　そこで，自分の弱点や忘れやすいことを書き込んでまとめた大きめのメモ付箋を机の前板やスタンドライトの先端に貼り付けておきました。すると，無意識に情報が目に入ってきます。

便利なメモ付箋

　付箋は常に2種類持ち歩いていました。

- ミニ付箋（透明で小さめ，ビニール製の剥がれにくいもの）
- メモ付箋（正方形で大きめ，紙製の貼り直しが容易なもの）

いずれもあまり色に意味づけはありません。ミニ付箋は後で見直したい箇所や何度も参照するページにリマインド的に貼り付けました（普通の使い方です）。

　前述のとおり，メモ付箋には自分の弱点やわかりにくい知識を整理してまとめていました。

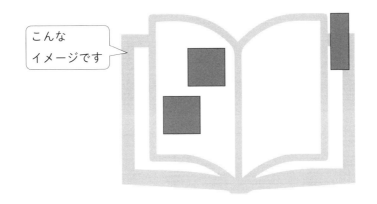

こんなイメージです

どうしても覚えられない論証はお風呂で暗記

　私は予備試験受験生のときどうしても覚えられない論証がありました。そこで考えついたのがお風呂で暗記することです。クツワの「風呂単」という耐水性の単語カードに論証をかいてお風呂の壁に貼り，入浴時に壁を見ながらブツブツ唱えていました。

第**3**章
「持ち物」で合格が近づく !?

いつも大荷物

　勉強は未知の可能性を秘めた巨大な強敵に挑む「戦い」です。そのため「戦い」に備える装具が必要です。ここでは，受験生時代の私のおすすめ装具を紹介します。

　まず，私が必ず自習室に持っていくと決めていたのは，以下のものです。

【勉強道具】
六法／教材／文房具／答案用紙
【その他】
手帳／時計／お菓子／カーディガン，膝掛け／イヤホン

　いつも大荷物で，合宿のときに持参するような特大のリュックサックを使っていました。

06 六法2冊を使い分け

六法は2冊持ち歩く

六法は以下の2冊を持ち歩いていました。

- 司法試験予備試験用法文又は司法試験用六法
- 判例六法

司法試験や予備試験の論文試験の際には，司法試験委員会が用意した六法を参照することができます。そのため，結局条文は六法をめくって探せば見つかるのだから普段の勉強で使用する分にはどの六法も同じだ，と思っている方も多いでしょう。

しかし，試験用の六法に慣れておくことは試験合格のための重要な対策のうちの一つです。なぜなら，試験用の六法には条文の見出しや参照条文がついておらず，条文探しが非常に困難になるからです。

司法試験予備試験用法文は非売品なので，予備試験の論文試験を受験する前は，受験経験者から借りていました。

デイリー六法やポケット六法の「親切さ」

刑事訴訟法や会社法を頭に浮かべると容易にイメージすることができます。

まず，刑事訴訟法については，試験用六法とそうでない六法を見比べた時，参照のしづらさの違いが一目でわかります。試験用六法に掲載されている刑事訴訟法には【見出し】がありません。

準用が多く複雑な刑事訴訟法の条文は，ぱっと見では何について規定された条文であるかがわかりづらくなっています。

その点,『デイリー六法』(三省堂) や『ポケット六法』(有斐閣) は条文の前に【見出し】があります。受験生が勉強の際に条文を引きやすいよう工夫してくれているのです。

この親切な六法に慣れてしまうと,いざ試験の時に見出しのない条文を引こうと思っても引きたい条文がなかなか見つけられません。

また,会社法の論文試験では,参照条文を芋づる式に答案に示していくことが頻出です。例えば,831条1項に「株主等」とありますが,「等」には他に誰が含まれているのでしょうか。この条文より前のどこかに「株主等」の定義が書かれているのでしょうが,1,000近くに及ぶ条文と複数の規則がある会社法の中から当てもなく条文探しをすることは至難の技です。

この点,デイリー六法やポケット六法には条文の横に参照条文の番号が掲載されており,探しやすくなっています。上記の例でいうと,ポケット六法には「株主等→828条2項1号」という記載があり,「株主等」の定義づけはそこにあったということがわかります。参照条文を見ているつもりはなくても無意識に目に入ってしまうことも多いため,参照条文が横に記載されているのとそうでないのとでは条文探しの大変さに大きな違いが生まれます。

そのため少なくとも論文の答案を書くときや模試の際には,こういった見出しや参照条文が掲載されていない試験用の六法を使って,不親切な六法の扱いに慣れておくことが大切です。

起案以外では判例六法を使う

　起案以外の時間，すなわち短答や論文知識のインプットの時間や書いた答案の復習に際しては判例六法を使っていました。

　判例六法は試験合格に向けて必要なコンテンツが詰まった最強の武器の一つであると思っています。なぜなら，試験の時に唯一参照することができる条文と，問題を解く上で必要な知識としての重要判例が，全科目この一冊の本にまとまっているからです。

　私は何度も書き落としてしまう条文・重要判例をマーキングで強調したり関連する知識を書き込んだりしていました（下記はあくまで書き込みの例です）。

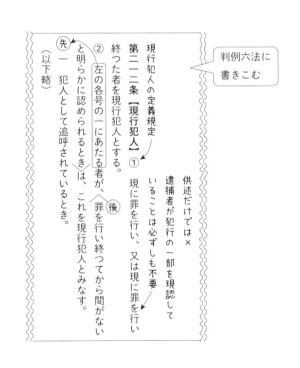

07 教材3点セット

どの科目であっても以下の3点セットは必ず持ち歩いていました。

- 論証集
- 過去問集
- （予備試験の際は）旧司法試験の過去問集，（司法試験の際は）判例百選

　基本書はあまり使用せず，また予備校の体系的なテキスト（伊藤塾の基礎マスター等）は辞書代わりに使っていた程度だったので，基本的には上記の3点セットと判例六法で知識を補うと同時に科目毎に適切なテキストを参照していました。

08 こだわりの文房具

シャープペンシル

　汗ばんだ手でこすって消えてしまったりしないように教材の書き込みにはボールペンを使っていたのですが，付箋に軽くメモしたり，勉強の進捗を手帳に記す際にはシャープペンシルを使用していました。
　私は三菱鉛筆の「クルトガ　ユニアルファゲル搭載タイプ0.5mm」と「ユニアルファゲルスリムタイプ0.5mm」を使っていました。

教材書き込み用ボールペン

　論証集や判例六法には細かい書き込みをすることが多かったので，三菱鉛筆の「ジェットストリームスタンダード0.5mm黒」を使っていました。

答案作成用ボールペン

　答案作成用ボールペンは，握りやすさ，書き心地，書いた時の文字の太さと大きさをしっかり吟味して，自分に最適なものを早めに見つけることがおすすめです。論文試験では，たくさん知識をインプットする力だけでなく，早く，綺麗に，はっきりと知識を答案用紙にアウトプットしていくことも合格に向けて必要なスキルになってきます。司法試験・予備試験の答案用紙は一行の幅がやや大きめだったので，普段使う筆記用具よりも少し太めのものを選んで使うようにしていました。また，答案用紙に手が擦れた時にペンのインク滲みが生じないようなものを選ぶこともポイントの一つです。何本か試してみた結果私がこれだと決めて使用していたボールペンは，ぺんてるの「ノック式エナージェル0.7mm黒」です。

蛍光ペン4種類

　色分けでマーキングする理由は後で教材を見直した時に，素早く自分が知りたい情報に辿り着けるようにする点にあると思っているため，マーキングは自分が見やすいか否かが一番重要だと思います。

　私が使用していたのはPILOTの「スポットライター」のピンク，オレンジ，イエロー，グリーンの4色の蛍光ペンです。そして，厳密ではないですが以下のように色分けしました。

- 論点→ピンク
- 覚えるべき論証や定義→グリーン
- ゼミや講座等で先生にマーカーを引くよう指示されたところ→オレンジ
- その他気になった点等→イエロー

付箋

前述のように，ミニ付箋とメモ付箋の2種類を用意していました。

09 本番に近い答案用紙

　まず，論文の問題を解く際には，答案はルーズリーフやノートではなく，試験所定の形式に従った用紙に書くべきです。なぜなら，司法試験・予備試験の論文答案は時間内に書き終えること，途中答案にならないことが何よりも重要なことであり，そのためには自分が1ページにつきどれくらいの時間がかかるかを把握しておくべきだからです。

　法務省の公式HPから試験の形式に従った答案用紙が無料でダウンロードでき印刷できるようになっています。ただ，私はそれを印刷して使うよりも受験指導予備校で販売されている少し厚紙の，本番の答案用紙の紙質に近いものを購入して使用していました。

　自分でダウンロードして普通紙に印刷する方法でも1ページあたりのスピードなどは把握できるのですが，厚紙ならではの文字の滑りやすさやインクの滲みやすさに慣れておきたかったためです。

10 その他

手帳

勉強するときはいつもそばに手帳を置いておきました。

試験と模試では時計2個持ち

　試験の時に使う予定の時計を，普段の論文答案作成時から使用していました。アラームが鳴らないか，デジタルかアナログのどちらが自分にとって残り時間の管理をしやすいかなどの確認をしておくことで，本番で余計な心配をしなくて済みます。

　試験会場には時計が設置されていない可能性もあります。私は，もし時計が試験中に床に落ちてしまっても焦らないように，試験や模試の時には念のため二つ時計を準備して，一つは机上に，もう一つは腕につけていました。

お菓子侮るべからず！

　お菓子侮るべからず！　一日中勉強をしていると途中で眠くなることや脳が疲れてきて集中できないことがしばしばあります。私はそんな時，お菓子の力を借りてもうひと頑張りしていました。

　眠気覚ましのためには，アサヒグループ食品の「ミンティアドライハード」を，集中力が低下してきたなと感じた時のためには，森永製菓の「大粒ラムネ」を用意していました。

防寒対策やイヤホンは忘れずに！

　カーディガンや膝掛けは防寒対策です。夏でも寒い自習室があるので，常に持ち歩き，本番にももちろん持っていきました。

　また，私は音楽を聴きながら勉強することが苦手だったのですが，耳栓代わりにイヤホンを持ち歩いていました。また予備校のオンライン講義を大学の図書館で受講する際にイヤホンを忘れると講義受講を見込んだ予習復習ができなくなりその日の勉強計画が崩れてしまうので，イヤホンの確認は必ず行うようにしていました。

オンリーワンよりナンバーワンという意識

　私は，「オンリーワンであり，ナンバーワンでありたい。」という意識を，様々な活動の原動力にしています。しかし，試験に合格するために意識したいことは，「ナンバーワン」を目指していくことです。もちろん順位が1位でなくても試験には合格できるので，あくまでもたとえですが，「自分なりに頑張っているオンリーワン」では試験に合格できないのです。

　受験生全体のうち，自分はどのくらいの立ち位置なのか，合格ラインに立てているのかといったことを客観的に知って，1位を目指す気持ちで戦略的に勉強する必要があります。

おわりに

「これ面白そう！　ちょっと挑戦してみようかな」

　人は興味を持って未知の世界にチャレンジを始めた時，大きく成長を遂げるものだと思っています。私の場合，チャレンジしたいことを見つけたタイミングと，司法試験・予備試験が重なりました。試験勉強を理由にチャレンジを諦めたくない，その一心で，効率的な勉強法を貫きました。

　「一般的に言われている○○は私の合格に必要か」という視点で考えました。常識にとらわれず，できるかぎり無駄を省いたのです。

　結果，大学在学中に予備試験に合格し，翌年の司法試験では上位合格することができました。この勉強法をみなさんと共有することで，忙しくても合格したいという方の役に立つのでは？　と思い執筆させていただきました。

　正直なところ，チャレンジと司法試験・予備試験との両立は一筋縄ではいきませんでした。各選抜には英語を含む書類審査の資料作りや何段階にも及ぶ面接やプレゼンがあります。また，日中友好青年大使としては，国内イベントだけでなく，中国に赴き現地とのコネクションを強めるという役目もありました。一つの講演会をこなすにも準備には何日もかかりますし，海外インターンも現地業務だけでなく準備・事前研修・研修報告を合わせると費やす時間は渡航期間の倍近くになります。学部在学中に大学院の授業を履修させていただいていたので，多数の講義やゼミに参加しており，これらとも両立していかなければなりませんでした。さらに，孫正義育英財団の専用施設の館長としては，ミーティングを重ねながらイベントを企画し，施設の運営に携わります。

私が司法試験を受験した2020年は，新型コロナウイルスの感染拡大により試験が8月に延期になりました。5月から7月にかけては財団施設の新たなルール作りに励むほか，ノーベル平和賞受賞者のマララ・ユスフザイさんが立ち上げたマララ財団のインタビューやサイトのリニューアルに協力し，1日英語漬けの日もあり忙しい日々を過ごしました。

　司法試験の直前期はさらに忙しく，7月31日に「突き抜ける人財ゼミ」の最終面接，8月1日に財団館長として英語を含むプレゼンを準備しイベントに参加。翌2日締切の財団の必要書類を多数提出。司法試験2日前の8月10日に世界経済フォーラム（通称：ダボス会議）の若手組織 Global Shapers Community の最終面接を受けました。試験前にこれほど忙しくなるとは当初全く予想していませんでした。

　私が勉強以外のチャレンジに時間を費やしている間に，他の受験生は勉強しているのだと思うと苦しくなる時もありました。しかし，「勉強もチャレンジも中途半端な結果に終わりたくない」「時間がなくても，効率的に勉強をすれば大丈夫」と思い頑張ってきました。

　チャレンジを諦めなかったことで，試験合格後の今，さらなる夢に向かって前進できています。

　Global Shapers Community を通じて異なる分野で活躍する人々に出会いました。一緒にプロジェクトを進めていく中で，そこでの活動に誇りを持ち，現在はインパクトオフィサーという大役を担い報告書を提出する形で若者を代表する意見を発信しています。また，財団で出会った仲間，東大の先生，国連職員とチームを組んで AI ガバナンスのプロジェクトに取り組んだことをきっかけに AI 法研究会とのご縁もいただき，大学時代から関心が強かった AI と法律との関係について実務家の方と共に学べる機会を得ることができました。

3月からは司法修習が始まります。これからは，法の下で人々が幸福で豊かに活動していけるような社会の実現に向けて法律家として頑張っていきたいと思います。

　私の勉強法がこれから受験される方の合格の一助となることがあればとても嬉しいです。実務の世界でお会いできるのを楽しみにしています。

小松　詩織

【著者紹介】

小松　詩織（こまつ　しおり）

　1997年4月生まれ。桜蔭高校卒業時に優秀な成績を修めたとして東京都知事賞を受賞し，東京大学に入学。在学時は日中友好青年大使への就任や孫正義育英財団に合格の実績があり，卒業時に成績優秀者表彰を受賞。

　大学卒業後は2020年度中国公費留学生，突き抜ける人財ゼミ8期生などに選抜され，世界経済フォーラムGlobal Shapers Community OsakaのインパクトオフィサーやAI法研究会研究員，ムーンショット型研究開発事業ミレニア・プログラム チームメンバーとして活動の幅を広げる。その他，日本テレビ「頭脳王」や中国のTV番組「最強大脳」への出場などメディア出演多数。

　これらの活動と並行して，大学在学中に司法試験予備試験に合格し，翌年司法試験に一発合格。

　特技は空中ブランコ。

小松詩織が教える

司法試験・予備試験　合格のベストプラクティス

2021年6月25日　第1版第1刷発行
2023年9月1日　第1版第5刷発行

著　者　小　松　詩　織
発行者　山　本　　　継
発行所　㈱中　央　経　済　社
発売元　㈱中央経済グループ
　　　　パ ブ リ ッ シ ン グ

〒101-0051　東京都千代田区神田神保町1-35
電　話　03(3293)3371(編集代表)
　　　　03(3293)3381(営業代表)
https://www.chuokeizai.co.jp
印　刷／文唱堂印刷㈱
製　本／㈲井上製本所

© 2021
Printed in Japan

＊頁の「欠落」や「順序違い」などがありましたらお取り替えいたしますので発売元までご送付ください。(送料小社負担)
ISBN978-4-502-38891-0　C2032